Services spéciaux

Paul Aussaresses

Services spéciaux

Algérie 1955-1957

Perrin

1002820846

T

© Perrin, 2001
ISBN 2-262-01761-1

Avertissement de l'éditeur

Le général Paul Aussaresses a commencé d'évoquer ses « souvenirs » de la guerre d'Algérie voilà quelques mois, notamment avec la parution d'un entretien remarqué dans le journal *Le Monde*.

Il nous a semblé important de publier le récit d'un acteur mal connu, mais central, de ce conflit.

On a pu lire des plaidoyers nostalgiques, des justifications rétrospectives, des réquisitoires sévères. Le témoignage direct livré ici est jusqu'aujourd'hui sans équivalent. Quarante ans plus tard, il contribue, croyons-nous, à faire comprendre la terrible complexité d'une époque qui continue d'habiter notre présent.

Avant-propos

Comme beaucoup de mes camarades qui ont combattu en Algérie, j'avais décidé, non pas d'oublier, mais de me taire. Mon passé dans les services spéciaux de la République m'y prédisposait. De plus, l'action que j'ai menée en Algérie étant restée secrète, j'aurais pu m'abriter derrière cette protection. Aussi s'étonnera-t-on vraisemblablement qu'après plus de quarante ans, je me sois décidé à apporter mon témoignage sur des faits graves qui touchent aux méthodes utilisées pour combattre le terrorisme, et notamment à l'usage de la torture et aux exécutions sommaires.

Même si je suis conscient que le récit qui va suivre est susceptible de choquer — ceux qui savaient et auraient préféré que je me taise comme ceux qui ne savaient pas et auraient préféré ne jamais savoir —, je crois qu'il est aujourd'hui utile que certaines choses soient dites et, puisque je suis, comme on le verra, lié à des moments importants de la guerre d'Algérie, j'estime qu'il est désormais de mon devoir de les raconter. Avant de tourner la page, il faut bien que la page soit lue et donc, écrite.

L'action que j'ai menée en Algérie, c'était pour mon pays, croyant bien faire, même si je n'ai pas aimé le faire. Ce que l'on a fait en pensant accomplir son devoir, on ne doit pas le regretter.

De nos jours, il suffit souvent de condamner les autres pour donner au tout-venant des gages de sa moralité. Dans les souvenirs que je rapporte, il ne s'agit que de moi. Je ne cherche pas à me justifier mais simplement à expliquer qu'à partir du moment où une nation demande à son armée de combattre un ennemi qui utilise la terreur pour contraindre la population attentiste à le suivre et provoquer une répression qui mobilisera en sa faveur l'opinion mondiale, il est impossible que cette armée n'ait pas recours à des moyens extrêmes.

Moi qui ne juge personne et surtout pas mes ennemis d'autrefois, je me demande souvent ce qui se passerait aujourd'hui dans une ville française où, chaque jour, des attentats aveugles faucheraient des innocents. N'entendrait-on pas, au bout de quelques semaines, les plus hautes autorités de l'Etat exiger qu'on y mette fin par tous les moyens ?

Que ceux qui liront cet ouvrage se souviennent qu'il est plus aisé de juger hâtivement que de comprendre, plus commode de présenter ses excuses que d'exposer les faits.

Du côté de chez Soual

À la Toussaint de 1954, alors que je me trouvais encore en poste à Paris au Service Action du SDECE [1], je reçus un ordre d'affectation à la 41e demi-brigade parachutiste de Philippeville, en Algérie. Le même jour, quelques centaines d'Algériens descendirent de l'Aurès et organisèrent plusieurs dizaines d'attentats spectaculaires, pour appeler à l'insurrection ce qu'il est de bon ton d'appeler depuis le « peuple musulman ». Mais la population, composée de gens principalement soucieux de gagner tranquillement leur vie, ne se reconnaissait guère dans ces groupuscules souvent antagonistes, étrange conglomérat d'intellectuels et de petits truands.

---

1. Le Service Action du Service de documentation extérieure et de contre-espionnage (SDECE), devenu aujourd'hui DGSE (Direction générale de la sécurité extérieure), était chargé d'intervenir secrètement et hors du territoire national contre tout ce qui portait atteinte aux intérêts de la République française, éventuellement en commettant des actes de violence contre les biens et les personnes. Le Service Action disposait à cet effet d'une force spéciale, le 11e Choc, que j'ai créée en 1946.

Le gouvernement de Pierre Mendès France, formé cinq mois plus tôt après la chute de Diên Biên Phû, s'était jusque-là montré plutôt complaisant pour les mouvements autonomistes du Maghreb. Il changea d'attitude à la faveur de ces événements et décida, sans doute pour rassurer les colons algériens, de faire preuve de fermeté. Ainsi Pierre Mendès France déclara-t-il le 12 novembre à l'Assemblée nationale que le gouvernement ne transigerait jamais. De son côté, François Mitterrand, le ministre de l'Intérieur chargé des départements français de l'Algérie, considérant que la police était impuissante à maintenir l'ordre républicain, envoya son directeur de cabinet au ministère de la Défense nationale pour y requérir la troupe et déclara sans ambiguïté ce même 12 novembre, devant les députés : « Je n'admets pas de négociations avec les ennemis de la Patrie. La seule négociation, c'est la guerre ! »

C'est ainsi que le conflit fut officialisé, même si l'on ne parla jamais que de maintien de l'ordre.

Des renforts furent dirigés vers l'Algérie. Parmi eux, des soldats du contingent.

Mais cette guerre, nous les hommes de l'ombre savions bien qu'elle était commencée depuis longtemps. Le gouvernement dont nous dépendions le savait aussi. Depuis près d'un an, le Service Action du SDECE dont j'avais au printemps assuré la direction par intérim, alors que Jacques Morlanne [2] se trouvait en mission, commençait à préparer des actions visant

---

2. Henri Fille-Lambie, commandant de l'armée de l'air et chef du Service Action.

à empêcher la rébellion de s'approvisionner en armes. Si j'étais resté à la « crémerie » (c'est ainsi que nous appelions le SDECE), j'aurais sans doute été amené à prendre part à l'une ou l'autre de ces missions. Mais les circonstances me conduisaient sur le terrain pour participer directement aux opérations militaires.

Morlanne disait qu'il ne s'agissait que d'un bref passage dans une unité régulière de l'armée, destiné à faciliter ma carrière et à favoriser mon avancement. C'était un sentimental, mon chef. De surcroît, il m'avait à la bonne. Pourtant, un jour, j'étais tellement fâché contre lui que j'avais vraiment failli l'étrangler dans son bureau. Pour que je le lâche, il avait dû me demander de penser à ma femme et à mes enfants. Il n'était pas rancunier et depuis, il m'avait désigné comme son dauphin.

Affecté depuis le 1er novembre 1954 à la 41e demi-brigade, je dus attendre la fin du mois de janvier 1955 pour embarquer de Marseille sur le bateau qui assurait la liaison avec Philippeville [3].

En gravissant les échelons de la passerelle, indifférent aux nuages menaçants qui obscurcissaient le ciel et promettaient une traversée mouvementée, je me sentais serein. Il serait même plus exact de dire que j'étais euphorique.

Malgré mon uniforme, je fredonnais mon air préféré, *Le Déserteur* de Boris Vian, avec d'autant plus de plaisir qu'il s'agissait d'une chanson interdite à la radio.

J'avais trente-six ans et, quoique je n'aime pas

---

3. Aujourd'hui Skikda.

13

beaucoup ce mot, j'étais ce qu'on appelle un agent secret [4]. Bien entendu, quand on m'interrogeait sur mon métier, je répondais que j'étais capitaine de l'armée française et si l'on insistait, j'ajoutais que j'appartenais à l'infanterie parachutiste. En apparence, je menais d'ailleurs une vie normale et tranquille d'homme marié et père de famille.

Rien dans ma formation n'avait pu laisser supposer un instant que j'étais destiné à de pareilles aventures : ni mon premier prix de version latine au concours général, ni la khâgne du lycée Montaigne de Bordeaux où je fus le condisciple de l'universitaire pacifiste Robert Escarpit, futur chroniqueur au *Monde*, et d'André Mandouze qui devait s'illustrer comme ténor des intellectuels critiques à l'égard de l'armée française en célébrant la « juste cause » du FLN, ni ma licence de latin-grec-philologie. Tout cela me prédisposait plutôt à une carrière universitaire tranquille. Au pire, j'aurais pu être diplomate.

C'est sans doute ce qu'aurait aimé mon père. Cet historien, ami de Colette, s'était égaré dans la carrière préfectorale et les cabinets ministériels avant de devenir secrétaire général d'un grand journal de province. Mais il me semblait loin maintenant, le temps où je lui récitais par cœur le *Pro Archia* de Cicéron ou le *Don Juan* de Lenau [5].

Depuis, il y avait eu la guerre et, le 27 novembre 1942, j'avais pris l'une des décisions les plus impor-

---

4. « Chargé de mission du Service Action » me paraît une dénomination plus exacte.
5. Le poète autrichien Nikolaus Niembsch von Strehlenau, dit Nikolaus Lenau (1802-1850), est resté l'un de mes auteurs de prédilection.

14

tantes de ma vie : après avoir opté pour la carrière des
armes et pour Charles de Gaulle, je m'étais engagé
dans les services spéciaux. J'allais ainsi accomplir, dans
l'intérêt de mon pays et dans la clandestinité, des
actions réprouvées par la morale ordinaire, tombant
souvent sous le coup de la loi et, de ce fait, couvertes
par le secret : voler, assassiner, vandaliser, terroriser.
On m'avait appris à crocheter les serrures, à tuer sans
laisser de traces, à mentir, à être indifférent à ma souf-
france et à celle des autres, à oublier et à me faire
oublier. Tout cela pour la France.

Officiellement donc, ce départ en Algérie n'avait rien
à voir avec une nouvelle mission. Mais lorsqu'on a
appartenu à ces milieux, on ne leur échappe jamais
tout à fait. Quand on a été un homme des services
spéciaux, tout ce qu'on accomplit par la suite aura toujours un parfum de mystère. D'autant que j'avais
occupé au SDECE des fonctions stratégiques : durant
quelques semaines, j'avais quand même commandé 29
(telle est la désignation du Service Action) par intérim.
Nous venions de passer une année agitée par la fin
de la guerre d'Indochine et la psychose de l'invasion
soviétique qui avait amené à constituer des dépôts
d'armes pour organiser une éventuelle résistance au
cas où le pays serait occupé.
La lutte armée algérienne s'était ajoutée à ces préoccupations. Mais, à cette époque, selon la formule que
les autorités gouvernementales ne cessaient de rappe-
ler, l'Algérie c'était la France et le SDECE n'avait pas
le droit d'intervenir sur le territoire national. Du moins
en théorie.

C'est donc en dehors des frontières que nous avions commencé à mener des opérations qui s'intensifièrent après mon départ. Ces opérations visaient ceux qui vendaient des armes au FLN et les bateaux qui transportaient ces armes. Grâce à l'action de René Taro [6] et de ses hommes, beaucoup de navires avaient sombré inexplicablement dans les ports de la mer du Nord ou de la Méditerranée. D'autres équipes s'étaient occupé des trafiquants d'armes. Beaucoup avaient eu des malaises bizarres ou de soudaines pulsions suicidaires.

Restait à intervenir directement contre la rébellion elle-même, et pour cela il fallait avoir un pied en Algérie.

Je ne savais pas vraiment si ce départ pour Philippeville était une nouvelle mission, un coup tordu que m'aurait préparé Morlanne, ou seulement une parenthèse dans ma carrière de barbouze [7]. Si c'était une mission, j'ignorais encore quelle en serait la nature.

Les services spéciaux, cela faisait douze ans que j'y étais jusqu'au cou. En janvier 1943, de Gaulle m'avait envoyé libérer le général Cochet, un as de l'aviation de 14-18 qui se trouvait interné dans un camp de Vichy, près de Vals-les-Bains, pour avoir vilipendé, dans un journal clandestin, le maréchal Pétain et son entourage. Ce qui m'avait valu huit mois de détention dans les geôles de Pampelune. J'avais effectué d'autres missions depuis Londres en tant que Jedburgh [8]. Par

---

6 Le capitaine de corvette René Taro était un spécialiste des opérations de sabotage du Service Action.

7. Ce mot ne me gêne pas, même si je n'ai jamais porté de fausse barbe.

8. Nom de code donné aux forces spéciales interalliées opérant à partir de l'Angleterre pendant la Seconde Guerre mondiale : pour appuyer les

exemple en sautant au-dessus de l'Ariège, en uniforme de capitaine de Sa Majesté, pour aller aider les maquis de la fédération anarchiste ibérique. En avril 1945 j'avais sauté encore, en uniforme allemand cette fois, près de Berlin où, après avoir échappé à la division Scharnhorst [9], j'avais été arrêté par les Soviétiques du maréchal Joukov qui m'avaient pris pour un membre de la division SS Charlemagne [10]. *In extremis*, j'avais échappé à la balle dans la nuque que me réservait la GPU [11]. Après, j'avais travaillé avec Jacques Foccart [12], avant de partir en Indochine, puis de créer le 11e Choc [13] au fort de Montlouis, près de Perpignan. De nouveau en Indochine, j'avais accompli des missions dans les lignes du Viêtminh, j'étais même entré clandestinement en Chine pour négocier avec les Nationalistes. Plus récemment, je m'étais occupé de la section instruction du service 29. Bref, j'étais considéré

---

maquis, des équipes légères de trois agents dont un radio étaient parachutées dans les lignes ennemies.

9. Division d'élite allemande composée de troupes de marine.

10. La division SS Charlemagne regroupait les volontaires français engagés sous l'uniforme allemand pour se battre contre les Soviétiques.

11. Police secrète soviétique.

12. Chef de mission au BCRA (Bureau central de renseignement et d'action) du général de Gaulle à Londres devenu un des responsables des services secrets, il sera l'un des plus proches collaborateurs de De Gaulle après 1958, spécialiste de la politique africaine.

13. Après avoir participé à la création du Service Action du SDECE, j'ai créé le 11e bataillon parachutiste de choc ou 11e Choc le 1er septembre 1946 et je l'ai commandé jusqu'en 1948. Le 11e Choc, force d'intervention du Service Action, est devenu la 11e demi-brigade parachutiste de choc en octobre 1955 puis a été dissous le 31 décembre 1963. François Mitterrand recréa mon unité le 1er novembre 1985, après l'affaire du *Rainbow Warrior*. Elle fut à nouveau dissoute en 1995 et ses attributions réparties entre trois centres d'entraînement parachutistes spécialisés basés à Cercottes, Perpignan et Roscanvel.

comme un spécialiste des coups durs et des coups tordus.

En Indochine, c'est au 1er régiment de chasseurs parachutistes que j'avais d'abord fait campagne. Cette unité était constituée à l'origine de trois bataillons. Mais le deuxième, où je servais, avait subi de telles pertes qu'il avait fallu le dissoudre. Les deux bataillons rescapés se trouvaient maintenant à Philippeville, et avaient été associés à un 3e bataillon parachutiste de la Légion étrangère [14] qui n'existait en fait que sur le papier. Voilà pourquoi j'étais très remonté contre ce qui venait de se passer en Indochine. J'avais laissé de nombreux copains à Diên Biên Phû et je n'avais aucune envie que ça recommence [15]. En raison de cette réorganisation, le 1er RCP portait dorénavant le nom de 41e demi-brigade parachutiste. Et comme c'était là que j'étais affecté, il s'agissait, d'une certaine manière, d'un retour en pays de connaissance.

Le bateau était presque vide, hormis une quinzaine de gendarmes et quelques rares civils.

Le second du navire remplaçait le commandant qui souffrait d'une extinction de voix tant il avait crié pour passer les ordres en pleine tempête durant sa dernière traversée. Nous avons dîné tous les deux, accrochés

---

14. Par la suite, ce 3e bataillon de la Légion fut dissous et le 1er novembre 1955 les deux bataillons restants ont fusionné pour reprendre le nom de 1er RCP.

15. Le camp retranché français de Diên Biên Phû, composé de seize mille hommes, tomba le 7 mai 1954 après une résistance acharnée, ce qui entraîna la fin de la guerre d'Indochine aux dépens de la France.

comme nous pouvions à la table tandis que la Méditerranée se déchaînait.

Le lendemain, quand le calme fut revenu et que je vis les côtes de l'Algérie se dessiner à l'horizon, je songeai aux jours heureux que j'avais connus dans cette région quelques années plus tôt.

En 1941, j'avais en effet servi en Algérie en qualité d'aspirant, assisté de deux sous-officiers arabes, dans une unité de tirailleurs des Chahuhias de l'Aurès. C'était à Telerghma, un petit camp perdu dans le désert à une cinquantaine de kilomètres au sud de Constantine. J'étais heureux là-bas, d'abord parce que j'avais le temps de continuer mes études [16] et aussi parce que je m'étais retrouvé dans l'une des rares unités montées à avoir été maintenues dans l'armée française. Il faut admettre que nous avions une certaine allure sur nos chevaux barbes. Le mien s'appelait Babouin.

Un jour, nous sommes revenus au galop d'une ferme avec le capitaine Chrétien, un sportif qui avait participé aux Jeux olympiques de Berlin dans l'équipe de pentathlon mais qui n'arrêtait pas de tomber de cheval. Sans doute pour m'éprouver, il m'avait confié un panier d'œufs que je tenais à la main. J'avais mis un point d'honneur à ne pas les casser. Ce genre d'exercice symbolise à peu près toute ma carrière. Le capitaine Chrétien avait une jolie fiancée. Les œufs que je n'ai pas cassés, c'était pour elle.

Plus d'une fois, les chevaux ont joué un rôle impor-

---

16. Je rédigeais un mémoire de diplôme d'études supérieures : « L'expression du merveilleux dans l'œuvre de Virgile »

tant dans ma vie. Mon père m'avait mis en selle à l'âge de huit ans et l'équitation est probablement à l'origine de ma vocation militaire. Adolescent, je méprisais la piétaille et je voulais être cuirassier comme le poète Lenau ou dragon comme mon arrière-grand-oncle, le capitaine Soual, dont le portrait était accroché dans ma chambre, autrefois, dans notre grande maison du Tarn. Le capitaine Soual était une sorte de héros dans la famille et je m'étais construit un mythe autour de ses aventures qui l'avaient mené, comme moi, jusqu'en Algérie. Fier de cette parenté, je m'étais fait appeler « capitaine Soual » dans les services spéciaux, puisqu'il est d'usage d'y prendre un pseudonyme.

À Telerghma, j'avais appris l'arabe. Mais ce n'était pas dans ma section que je risquais de le pratiquer car, hormis leur dialecte, mes hommes ne parlaient que le français. Ce séjour n'avait duré qu'un an. Pour devenir officier d'active, je dus en effet passer par l'école d'infanterie de Saint-Maixent qui était repliée à Aix-en-Provence.

Les côtes accidentées se rapprochaient. Je ne pouvais m'empêcher de penser, compte tenu de mon expérience des maquis, qu'il était facile pour les rebelles de se faire livrer des armes par des bateaux de faible tonnage. Les effectifs français, mobilisés par les affrontements intérieurs, n'étaient sûrement pas assez nombreux pour contrôler le littoral. Par ailleurs, une telle surveillance aurait été fastidieuse et néfaste pour le moral des troupes.

Sur le pont, tandis que le bateau entrait doucement dans le port et que je voyais cette ville blanche dressée contre la mer, j'eus encore une pensée pour mes tirailleurs. Je ne les retrouverais pas puisque ma section avait été exterminée au cours de la campagne de Tunisie, en mai 1943 [17].

Mais il faisait beau et il ne fallait penser qu'aux vivants. J'avais laissé des amis en Algérie. J'allais retrouver les copains d'Indochine et mon cousin travaillait à la Trésorerie d'Alger. Du reste, ma famille me rejoindrait bientôt.

17. En mai 1943, l'armée d'Afrique attaqua victorieusement avec les Alliés commandés par Montgomery les Allemands et les Italiens qui occupaient la Tunisie.

Philippeville, 1955

Une Jeep m'attendait sur le quai pour me conduire au PC de la demi-brigade qui était installé dans une maison, à cinq cents mètres à peine du port. Le reste de l'unité était réparti dans des casernements de la ville et près du terrain d'aviation où était établie une école de saut. Quand je me suis présenté, l'élégant colonel de Cockborne, qui commandait l'unité, me reçut avec une courtoisie toute britannique. Après m'avoir écouté en souriant légèrement, peut-être à cause de mon accent de mousquetaire, il entra tout de suite dans le vif du sujet :

— Ça tombe vraiment bien que vous veniez des services spéciaux, j'ai justement besoin d'un officier de renseignements.

— Je suis heureux de cette coïncidence, fis-je en souriant à mon tour. Seulement, il y a un problème.

— Et lequel ?

— On a dû mal vous informer : je ne suis pas du tout un spécialiste du renseignement. Je viens du Service Action.

— Je suis parfaitement au courant de vos états de service et je suis sûr que vous allez très vite vous adapter. Et de l'action, je vous garantis que vous en aurez, car si la ville est calme, du côté de la campagne c'est beaucoup plus agité. D'ailleurs, mes bataillons sont en opérations.

— Où cela, mon colonel ?

— L'un est dans l'Aurès, l'autre à la frontière tunisienne.

Les bataillons de la demi-brigade participaient en effet à des actions ponctuelles contre des rebelles qui attaquaient les villages et les fermes isolées, pillaient et assassinaient les pieds-noirs.

C'est ainsi que je devins officier de renseignements. Ce type de poste, qui n'a pas de raison d'être en temps de paix, n'avait pas été maintenu par l'état-major. Il me fallut donc le recréer, et à partir de rien puisque le colonel ne me donna ni consignes ni archives.

En temps de guerre, l'officier de renseignements est principalement chargé de rassembler la documentation nécessaire à l'exécution des opérations. Cette documentation porte sur le terrain et sur l'adversaire. De telles tâches sont peu estimées par le milieu militaire. Pour les accomplir, il faut une mentalité particulière qui permette de souffrir les railleries des autres cadres. Par ailleurs, le succès du travail d'un OR est proportionnel à la valeur de son chef et à l'intérêt de ce dernier pour le travail de renseignement. Mais rares sont les commandants de régiment qui s'y intéressent. Bref, on ne m'avait donc pas fait de cadeau en m'envoyant ici.

Le chauffeur de la Jeep me conduisit à mon appartement, installé dans des baraques Adrian [1] aménagées.

Philippeville était une coquette sous-préfecture de vingt et un mille habitants. J'appris vite à connaître tout le monde. Tout commença par des mondanités provinciales. On me reçut dans les dîners, dans les cocktails. Les débuts de ce nouveau séjour sous le soleil d'Afrique avaient l'apparence d'une villégiature. En dehors de mes heures de travail, j'avais un peu de temps pour me promener sur la plage, lire, écouter la radio, aller parfois au cinéma.

Après quelques semaines, cependant, il devint évident que mon poste n'avait rien d'une sinécure et les moments de loisir se firent de plus en plus rares. Ma tâche était simple dans le principe, mais complexe à cause des moyens à mettre en œuvre. Il s'agissait d'obtenir tous les renseignements possibles sur la rébellion, qu'ils émanent de civils ou de militaires. Or il y a deux manières d'obtenir des renseignements : attendre qu'ils vous parviennent ou aller les chercher. Au fil des semaines, la rébellion prenant de la consistance, le temps commença à compter et mon rôle devint plus offensif.

Le gouvernement de Pierre Mendès France venait d'être renversé et son successeur, Edgar Faure, souhaitait régler les différents dossiers du Maghreb dans les meilleurs délais. C'est pourquoi Paris avait décidé de liquider le FLN [2] le plus vite possible. Aux raisons poli-

---

1. Du nom de l'intendant militaire qui avait généralisé ce type de baraquement, ainsi que le casque bleu horizon des Poilus de 14.
2. Front de libération nationale, organisation clandestine de l'insurrection algérienne.

tiques s'ajoutaient des considérations liées à la situation internationale, puisque le monde entier commençait à s'intéresser à l'affaire.

Liquider le FLN, cela supposait évidemment une volonté politique mais aussi des moyens adaptés. La police n'était pas faite pour cette mission et les cadres des régiments n'étaient pas non plus formés pour ce type de guerre où une armée classique doit affronter une rébellion qui, pour vivre et se développer, est obligée de se mêler à la population civile et de l'entraîner dans sa lutte par la propagande et la terreur. On commençait donc à envoyer des nettoyeurs et j'en faisais sûrement partie. Il fallait identifier ses dirigeants, les localiser et les éliminer discrètement. Obtenir des informations sur les chefs du FLN me conduirait forcément à capturer des rebelles et à les faire parler.

Philippeville était située dans le Nord-Constantinois, la région où le FLN, à l'époque, était le mieux implanté. S'il y avait une flambée de violence en Algérie, on pouvait facilement prévoir que ce serait dans ce secteur. Restait à savoir où, quand et comment. Tel était mon travail.

Pour opérer, il me fallait une équipe. Le colonel mit rapidement à ma disposition deux gradés, dont un sergent, Kemal Issolah, et un caporal-chef, Pierre Misiry.

Issolah venait d'une famille de janissaires turcs implantée en Kabylie par le sultan, avec mission de maintenir l'ordre en échange d'honneurs et de terres. Cette famille aisée avait rejoint le camp français après la conquête de l'Algérie en 1830. Elle avait fourni de nombreux cadres à l'armée. Le dernier en date était le père de Kemal qui avait fini commandant de tirailleurs. Kemal, lui, s'était engagé à dix-huit ans après sa préparation militaire et, devenu caporal-chef, il avait servi en Indochine comme tireur d'élite. Son bataillon avait été anéanti. Kemal faisait partie des très rares survivants. Volontaire pour se rengager dans les parachutistes, il avait été muté au 1er RCP et nommé sergent. Il était impressionnant par sa connaissance de tous les dialectes arabes et berbères parlés dans le monde musulman. Jusque-là, cet élément précieux n'avait pas été utilisé à sa juste valeur. Le colonel l'avait nommé vaguemestre, pensant qu'il ne risquait pas de partir avec l'argent des mandats puisqu'il avait de la fortune.

Pierre Misiry était issu d'une famille ardéchoise installée en Tunisie et, de ce fait, il avait appris parfaitement l'arabe de l'Afrique du Nord. Lui aussi s'était engagé à dix-huit ans et avait fait campagne en Indochine comme parachutiste.

Avec ces deux jeunes garçons dynamiques, je me suis trouvé tout de suite en confiance et j'ai commencé à constituer mon réseau.

J'ai rendu visite à tous les gens qui semblaient pouvoir être de quelque utilité. D'abord le capitaine Bastouil, major de garnison [3]. C'était un vieux parachutiste. Il me dit qu'il rédigeait un rapport trimestriel dans le cadre de ses fonctions et qu'il se faisait assister par les renseignements généraux.

Je n'avais encore jamais travaillé avec la police et je distinguais mal les différences entre services. Grâce

---

3. Le major de garnison est un officier chargé du cérémonial militaire.

27

aux indications de Bastouil, je compris vite que les RG, c'était le service de renseignements de la sous-préfecture. J'ai donc pris contact avec le commissaire Arnassan qui en était responsable. Il me conseilla d'aller voir deux de ses collègues : le commissaire Bourges, chef de la police judiciaire, et le commissaire central Alexandre Filiberti, chargé de la sûreté urbaine. J'ai noué de cordiales relations avec ces trois fonctionnaires qui sont devenus des camarades.

Il y avait aussi la gendarmerie : l'organisme avec lequel j'ai entretenu les rapports les plus fructueux était une brigade de recherche commandée par le maréchal des logis-chef Buzonie, un Périgourdin qui ne s'entendait pas avec son commandant de compagnie mais qui savait prendre des initiatives.

Une fois mis en confiance, les policiers m'expliquèrent sans détour le caractère critique de la situation et les menaces d'attentats qui planaient sur la ville. Ils ne firent pas mystère de la manière dont ils étaient obligés de travailler, avec les moyens dérisoires dont ils disposaient.

Ils me firent vite comprendre que la meilleure façon de faire parler un terroriste qui refusait de dire ce qu'il savait était de le torturer. Ils s'exprimaient à mi-voix, mais sans honte, sur ces pratiques dont tout le monde, à Paris, savait qu'elles étaient utilisées et dont certains journaux commençaient à parler.

Jusqu'à mon arrivée à Philippeville, j'avais été amené à interroger des prisonniers mais je n'avais jamais torturé. J'avais entendu dire que des procédés semblables avaient déjà été utilisés en Indochine, mais de manière exceptionnelle. En tout cas, cela ne se pratiquait pas

28

dans mon bataillon et la plupart des unités engagées dans la guerre d'Algérie n'avaient jamais été jusque-là confrontées au problème.

Avec le métier que j'avais choisi, j'avais déjà tué des hommes et fait des choses éprouvantes pour les nerfs, mais je ne m'attendais vraiment pas à ça. J'avais souvent pensé que je serais torturé un jour. Mais je n'avais jamais imaginé la situation inverse : torturer des gens.

Au Maroc, en 1942, juste après m'être engagé dans les services secrets, je m'étais retrouvé devant un officier aviateur de la sécurité militaire, le capitaine Delmas, qui avait estimé nécessaire de m'avertir :

— Vous savez ce que vous risquez, au moins, en entrant dans les services spéciaux ?

— Oui, mon capitaine, je risque d'être fusillé.

— Mon pauvre garçon, s'était exclamé Delmas en levant les yeux au ciel, mais quand on vous fusillera, vous serez bien soulagé, parce que, avant, on vous aura torturé. Et la torture, vous verrez, c'est moins marrant que la mort !

Dans la Résistance, puis au sein du Service, les copains m'avaient dit qu'il était impossible de résister à la torture et qu'il venait un moment où il était légitime de parler. La moindre des choses était de tenir quarante-huit heures en criant le plus fort possible. Il y a des tortionnaires qui sont plus fragiles que leurs victimes et que ça peut impressionner. Et puis, crier, ça fait du bien quand on a mal. En outre, ces quarante-huit heures laissaient à ceux qui risquaient d'être dénoncés le temps de prendre leurs dispositions. Au pire, on avalait sa capsule de poison, et tout était terminé.

Je m'étais préparé à tous les supplices, mais j'avais pris la décision de ne jamais emporter le cyanure réglementaire à l'occasion de mes missions. Si on me prenait, je gueulerais. Après, on verrait bien.

Chaque fois que j'avais pris place dans l'avion qui montait dans la nuit, j'y avais pensé. J'imaginais qu'on me brûlerait, qu'on m'arracherait les ongles, les dents, comme on l'avait fait à un camarade. Ces pensées me venaient toujours au-dessus de la Manche, quand l'équipage américain nous proposait un peu de whisky. Nous refusions, c'était rituel. Quand les obus de la DCA commençaient à nous faire la fête et illuminaient le ciel, nous savions que nous étions au-dessus des côtes françaises. L'avion grimpait jusqu'à 3 000 mètres pour échapper aux projectiles. On ne se disait pas un mot. J'imaginais le peloton. Je n'accepterais pas qu'on me bande les yeux. Alors la porte s'ouvrait et soudain c'était le silence et le vide.

Les policiers de Philippeville utilisaient donc la torture, comme tous les policiers d'Algérie, et leur hiérarchie le savait. Ces policiers n'étaient ni des bourreaux ni des monstres mais des hommes ordinaires. Des gens dévoués à leur pays, profondément pénétrés du sens du devoir mais livrés à des circonstances exceptionnelles. Je ne tardai du reste pas à me convaincre que ces circonstances expliquaient et justifiaient leurs méthodes. Car pour surprenante qu'elle fût, l'utilisation de cette forme de violence, inacceptable en des temps ordinaires, pouvait devenir inévitable dans une situation qui dépassait les bornes. Les policiers se tenaient à un principe : quand il fallait interroger un homme qui, même au nom d'un idéal, avait répandu le sang d'un innocent, la torture devenait légitime dans les cas où l'urgence l'imposait. Un renseignement obtenu à temps pouvait sauver des dizaines de vies humaines. Un de leurs arguments m'avait d'ailleurs frappé.

Un jour que nous évoquions pudiquement les difficultés de notre métier en sirotant un pastis, un policier, qui avait compris que le problème de la torture ne me laissait pas indifférent, trancha soudain :

— Imagine un instant que tu sois opposé par principe à la torture et que tu arrêtes quelqu'un qui soit manifestement impliqué dans la préparation d'un attentat. Le suspect refuse de parler. Tu n'insistes pas. Alors l'attentat se produit et il est particulièrement meurtrier. Que dirais-tu aux parents des victimes, aux parents d'un enfant, par exemple, déchiqueté par la bombe, pour justifier le fait que tu n'aies pas utilisé tous les moyens pour faire parler le suspect ?

— Je n'aimerais pas me trouver dans cette situation.

— Oui, mais conduis-toi toujours comme si tu devais t'y trouver et alors tu verras bien ce qui est le plus dur : torturer un terroriste présumé ou expliquer aux parents des victimes qu'il vaut mieux laisser tuer des dizaines d'innocents plutôt que de faire souffrir un seul coupable.

Une brève méditation sur cette parabole m'enleva mes derniers scrupules. J'en conclus que personne n'aurait jamais le droit de nous juger et que, même si mes fonctions m'amenaient à faire des choses très désagréables, je ne devrais jamais avoir de regrets.

La quasi-totalité des soldats français qui sont allés en Algérie eurent plus ou moins connaissance de l'existence de la torture mais ne se posèrent pas trop de questions car ils ne furent pas directement confrontés au dilemme. Une petite minorité [4] d'entre eux l'a pratiquée, avec dégoût, certes, mais sans regrets. Ceux qui contestaient l'usage de la torture étaient évidemment les sympathisants du FLN et quelques idéalistes de métropole ou d'ailleurs qui, s'ils avaient été chargés de faire parler des terroristes, seraient peut-être devenus les inquisiteurs les plus acharnés.

Outre les policiers, je pris contact avec d'autres fonctionnaires qui étaient susceptibles, du fait de leurs attributions, de collecter des renseignements utiles. Par exemple Bulle, l'ingénieur des Eaux et Forêts. Ses services disposaient de maisons forestières réparties sur le territoire, tenues par des musulmans dévoués à la cause française. Ces maisons constituaient un réseau susceptible de recueillir et d'acheminer de précieuses informations.

Je fus largement aidé aussi par le juge d'instance Voglimacci, originaire de Cargèse, un coin de Corse où le culte catholique, disait-il, se rapprochait du rite orthodoxe.

Le colonel de Cockborne me conseilla de voir le capitaine Ducay qui commandait l'école de saut. Enfin quelqu'un que je connaissais ! Martial Ducay était un ancien garde mobile devenu parachutiste. Nous nous

---

4. Beaucoup d'officiers d'active n'ont jamais torturé, tout simplement parce qu'on ne les a jamais mis en situation de le faire. Quant aux appelés, il n'était pas question de leur confier ce genre de besogne.

étions croisés en Indochine. Je savais son goût immodéré pour la chasse. Dans la campagne qui environnait Philippeville, il y avait surtout des sangliers et des perdreaux. Comme la chasse était officiellement interdite, j'imaginai que Ducay ne pouvait s'empêcher de braconner.

Après ces contacts, j'ai commencé à tisser patiemment ma toile, dont chaque informateur était un fil : commerçants, industriels, hommes d'affaires, avocats. J'appris à utiliser aussi le journaliste local, les patrons des bistrots, la patronne de la boîte de nuit et même la tenancière du bordel.

Avec l'aide du maire conservateur, Dominique Benquet-Crevaux, et de l'un de ses conseillers, je constituai un fichier des habitants.

Des informations commencèrent à me parvenir sur les militants du FLN, sur leurs sympathisants, sur les gens du MNA [5]. Mon système fonctionnait tellement bien que j'eus très vite des noms de suspects indiscutablement impliqués dans les crimes les plus sanglants. Quand ils furent arrêtés, je ne trouvai pas de héros, juste des brutes.

Vint le moment de les interroger. Je commençai par leur demander ce qu'ils savaient. Mais ils me firent comprendre qu'ils n'avaient pas l'intention d'être bavards. La réaction naturelle d'un accusé n'est-elle d'ailleurs pas de nier ou de garder le silence ?

Alors, sans état d'âme, les policiers me montrèrent

---

5. Mouvement concurrent du FLN fondé en décembre 1954 par Messali Hadj.

33

la technique des interrogatoires « poussés » : d'abord les coups qui, souvent, suffisaient, puis les autres moyens dont l'électricité, la fameuse « gégène », enfin l'eau. La torture à l'électricité se pratiquait à l'aide des générateurs de campagne utilisés pour alimenter les postes émetteurs-récepteurs. Ces appareils étaient très répandus. On appliquait des électrodes aux oreilles, ou aux testicules, des prisonniers. Ensuite, on envoyait le courant, avec une intensité variable. Apparemment, c'était un procédé classique. Je suppose que les policiers de Philippeville n'avaient rien inventé.

Par crainte de ces méthodes ou grâce à elles, les prisonniers se mirent à donner des explications très détaillées et même des noms grâce auxquels je procédai à de nouvelles arrestations.

Cette fois, avec la collaboration de la police, je fus amené à participer plus activement à ces interrogatoires « poussés » et il ne me sembla pas inutile d'en rendre compte au colonel de Cockborne qui se montra frileux.

— Vous êtes sûr qu'il n'y a pas d'autres moyens pour faire parler les gens ? demanda-t-il avec gêne. Des moyens plus...

— Plus rapides ?

— Non, ce n'est pas ce que je voulais dire.

— Je sais, mon colonel, vous vouliez dire : plus propres. Vous pensez que tout cela ne colle pas avec notre tradition humaniste.

— En effet, je le pense.

— Même si je partage ce point de vue, mon colonel, l'accomplissement de la mission que vous m'avez donnée m'oblige à ne pas raisonner en termes de morale mais du point de vue de l'efficacité. Le sang coule tous les jours. Pour l'instant, c'est surtout dans le bled. Demain, ça peut arriver dans la maison voisine.

— Et que faites-vous de vos suspects, après ?

— Après qu'ils ont parlé ?

— Exactement.

— S'ils ont un lien avec les crimes terroristes, je les abats.

— Mais vous vous rendez compte que c'est l'ensemble du FLN qui est lié au terrorisme !

— Nous sommes d'accord.

— Ce ne serait pas mieux de les remettre à la Justice, plutôt que de les exécuter ? On ne peut quand même pas flinguer tous les membres d'une organisation ! Ça devient dingue !

— C'est pourtant ce que les plus hautes autorités de l'Etat ont décidé, mon colonel. La Justice ne veut pas avoir affaire au FLN, justement parce qu'ils deviennent trop nombreux, parce qu'on ne saurait pas où les mettre et parce qu'on ne peut pas guillotiner des centaines de personnes. La Justice est organisée selon un modèle correspondant à la métropole en temps de paix. Ici, nous sommes en Algérie et c'est une guerre qui commence. Vous vouliez un officier de renseignements ? Vous l'avez, mon colonel. Comme vous ne m'avez pas donné de consigne, j'ai dû me débrouiller. Une chose est claire : notre mission nous impose des résultats qui passent souvent par la torture et les exécutions sommaires. Et, à mon avis, ce n'est qu'un début.

— C'est une sale guerre. Je n'aime pas ça.

Le colonel de Cockborne s'était rembruni. Il savait

que j'avais raison. Je compris qu'il ne resterait plus très longtemps en Algérie.

Assez vite, j'entrai en liaison avec le 2e bureau de Constantine commandé par le colonel Decomps. On me demanda de recueillir des renseignements relatifs à la collusion entre le PCA [6] et le FLN. Ce dernier, en effet, avait des troupes organisées sous le nom d'ALN [7] mais elles manquaient d'armes. Leur première nécessité était d'en trouver. J'en eus la confirmation par la relation d'un de ces actes d'héroïsme que les historiens n'ont pas daigné retenir mais que l'Histoire n'oubliera pas.

Un jour, un groupe de rebelles investit une maison forestière dont le gardien était un caporal forestier du nom de Boughera Lakdar. Il avait un fusil. Lorsque le chef du groupe FLN lui demanda de le lui remettre, Boughera refusa :

— Mon fusil appartient à la France. Si tu le veux, viens le chercher ! cria-t-il.

Sur ces mots, le forestier ouvrit le feu, tuant le chef du groupe.

Boughera Lakdar fut pris et exécuté sur place. À ma connaissance, son nom n'est inscrit sur aucun monument.

Le récit d'un des témoins de cet épisode me parvint par mon réseau. Il témoigne assez clairement de l'attitude de nombreux musulmans qui étaient prêts à se sacrifier pour ce qu'ils croyaient être leur patrie.

---

6. Parti communiste algérien.
7. Armée de libération nationale, branche combattante du FLN organisée en armée régulière.

Le commissaire Bourges m'avait expliqué que nos ennemis les plus acharnés étaient quatre nationalistes qui s'étaient évadés en 1952 de la prison de Bône et étaient devenus des cadres importants du FLN. Parmi eux, figurait Zighoud Youssef, un ancien forgeron de Condé-Smendou [8] promu à trente-quatre ans chef du FLN pour le Nord-Constantinois après la mort de son prédécesseur, Didouche Mourad, dont le groupe venait d'être encerclé et neutralisé par les hommes du colonel Ducournau [9].

Il y avait aussi un jeune homme de vingt-trois ans dont nous avions la photo. Il ressemblait à Alain Delon et s'appelait Gharsallah Messaoud. Comme il n'était pas très grand et à cause de son air juvénile, on l'appelait le petit Messaoud. Il avait été membre des scouts musulmans, ce qui ne l'avait pas empêché de devenir d'abord un chômeur professionnel, ensuite un voyou. Au début des événements, il partageait son temps entre les petits trafics minables et le proxénétisme. Mais il était ambitieux, vigoureux, impitoyable et représentatif. Le FLN lui avait permis, comme à beaucoup d'autres qui n'avaient rien à perdre, de conquérir un peu de gloire et, grâce à son mépris affiché pour la vie humaine, il s'était fait une réputation. Messaoud, à l'évidence, était courageux. Le jour où un affrontement se produirait, il ne faisait aucun doute qu'il nous donnerait du fil à retordre.

---

8. Ce bourg du Constantinois porte aujourd'hui le nom de Zighoud Youssef.

9. Le colonel Ducournau commandait le 18e régiment de chasseurs parachutistes, installé à Saint-Charles, à une vingtaine de kilomètres de Philippeville.

Le petit Messaoud avait entraîné dans son sillage un groupe de jeunes fanatiques. Le terrain d'aviation de Philippeville était longé par une falaise qui surplombait la piste de quatre-vingts mètres. Le commissaire Bourges m'informa que c'était en haut de cette falaise que les hommes de Messaoud avaient installé un poste d'observation. Cette position était inexpugnable et un bombardement dans les rochers n'aurait servi à rien.

Jeannot di Meglio, un des inspecteurs de la PJ, avait appris qu'un de ses indicateurs avait été recruté par le groupe du petit Messaoud. C'était un petit trafiquant et receleur de pneus volés, la quarantaine, plutôt sympathique. Il confessa à Jeannot qu'il avait peur de devoir affronter un jour les parachutistes au combat. Il demandait à être fait prisonnier et espérait deux ans de prison pour se trouver à l'abri. Sollicité par Bourges, j'allai voir le juge Voglimacci qui refusa de l'arrêter sans motif : il n'avait pas rejoint volontairement le FLN et il n'avait participé à aucune opération armée ou terroriste. On ne pouvait rien faire. Alors nous nous sommes réunis, le truand, Jeannot di Meglio, Bourges et moi. Nous l'avons arrêté comme il le désirait, puis nous lui avons trouvé une place de chauffeur. Mais peu après il a perdu la tête et s'est mis à faire chanter ses anciens amis du FLN. À l'automne 1956, ils l'ont égorgé.

Je voyais donc beaucoup monde. Mes correspondants n'étaient pas tous des enfants de chœur mais ils trouvaient leur intérêt à travailler avec moi. J'ai poussé plusieurs de ces informateurs dans le maquis. Une méthode plus sûre que d'utiliser des gens déjà en place. Issolah, de son côté, avait infiltré le FLN. La nuit, il mettait un bleu de chauffe et partait prendre le café avec les rebelles. Il avait même entraîné un sous-officier incrédule. Le garçon était blond et Issolah l'avait fait passer pour un Kabyle qui ne comprenait pas l'arabe.

J'abattais un travail énorme. Heureusement, pour l'essentiel, il ne s'agissait pas de torturer, juste de parler avec des gens. Ces conversations étaient souvent amicales. Pour nos relations publiques, nous nous servions de tout ce que nous pouvions et même de notre stock de cartouches. À cette époque, l'armée française avait un problème d'approvisionnement en armes de qualité. Les gradés étaient obligés de se fournir dans le commerce. Mais nous ne manquions pas de cartouches. Nous avions des séances de tir régulières où l'armurerie nous dotait de grosses quantités de munitions. Plus que nous ne pouvions en tirer. De ce fait, les sous-officiers disposaient de réserves et en faisaient bénéficier leurs amis policiers.

Il n'y avait d'ailleurs pas que les policiers qui étaient demandeurs. Les pieds-noirs, eux aussi, s'étaient armés et il leur fallait des munitions.

Le gérant du dépôt de matériel, un sergent-chef d'origine corse qui n'avait pas froid aux yeux, vint ainsi me trouver :

— Mon capitaine, les munitions sont rares pour les honnêtes gens. On m'en demande, mais je ne peux pas en donner. Si vous pouviez monter un exercice bidon et me céder quelques caisses, je vous garantis que j'en ferais un bon usage.

— Et à qui les donneriez-vous ?

— À mes compatriotes de Philippeville, bien entendu !

Les dénonciations commencèrent à affluer. À la campagne, nombreux étaient les douars [10] hostiles par principe au FLN. Outre le souci de vivre en paix, il y avait aussi des raisons privées, des rancunes. Des histoires de femmes le plus souvent. Bien entendu, lorsque j'obtenais des informations pouvant renforcer l'hostilité des musulmans à l'égard du FLN, je ne manquais pas de m'en servir. Il n'était pas rare non plus que les rebelles se dénoncent les uns les autres.

10. Villages

Le 18 juin

Le FLN n'avait pas réussi, comme il l'avait pourtant espéré en lançant l'insurrection de novembre 1954, à entraîner massivement la population dans son sillage. Contrairement à une croyance fort répandue, cette insurrection n'avait pas fait tache d'huile. On peut même affirmer qu'au printemps 1955, elle s'essoufflait. Le FLN changea donc radicalement de tactique. Désormais, la rébellion aurait systématiquement recours au terrorisme et viserait les populations civiles. Aussi bien les Européens que les musulmans réputés « amis » de la France.

Le FLN pouvait, sans trop de difficultés, subjuguer les campagnes, mais dans les villes il avait du mal à s'implanter. C'est donc là que le terrorisme allait se développer.

Au printemps de 1955, après plusieurs mois d'un attentisme que l'instabilité politique avait renforcé, le pouvoir comprit enfin à quel point la situation se dégradait. Il lui fallait éviter à tout prix la guérilla urbaine.

Le nouveau gouvernement présidé par Edgar Faure, avec Maurice Bourgès-Maunoury à l'Intérieur en remplacement de François Mitterrand et Robert Schuman à la Justice, décida enfin de contre-attaquer.

Le 3 avril, le Parlement vota la loi de l'état d'urgence qui permettait notamment de resserrer les liens entre la police et les services militaires de renseignements. C'était une façon d'institutionnaliser ce que je pratiquais déjà officieusement. D'une manière plus générale, l'action militaire et l'action policière allaient dorénavant être étroitement associées.

Dans les jours qui suivirent, l'état d'urgence fut décrété dans les zones les plus touchées par le FLN.

On craignait que les choses ne s'enveniment à l'occasion du ramadan qui, cette année-là, devait avoir lieu au mois de mai. De fait, durant cette période, il y eut une sensible recrudescence des attentats.

Un conseil interministériel décida à la mi-mai de renforcer les moyens militaires et de porter les troupes françaises en Algérie de soixante à cent mille hommes. Des instructions drastiques furent données pour écraser la rébellion, notamment en autorisant les bombardements aériens auxquels, jusque-là, on s'était opposé. En même temps, Paris, secrètement, prit la décision de liquider les chefs du FLN par tous les moyens, y compris en utilisant les services spéciaux.

Le colonel de Cockborne venait d'être nommé attaché militaire à Rome et c'était beaucoup mieux comme ça. Je suppose qu'il avait pressenti à quelles extrémités nous allions être conduits et qu'il ne souhaitait pas assister à la mise en route de l'engrenage. Son adjoint, le colonel Georges Mayer, le remplaça. C'était un blond costaud qu'on surnommait Prosper, à cause des succès féminins qu'on lui prêtait. La jolie Simone, son épouse, originaire d'une famille française du Maroc, ne semblait pas s'offusquer de ce surnom. Elle, c'était Monette.

Mayer était l'un des plus vieux parachutistes de l'armée française, ce qui ajoutait du prestige à sa prestance naturelle. À sa sortie de Saint-Cyr, avant guerre, il avait été volontaire pour être affecté à l'une des deux compagnies d'infanterie de l'air, des unités nouvelles qui n'avaient vu le jour qu'en 1937 et qui s'étaient illustrées au cours de la campagne de France, en Alsace et dans les Vosges. Ensuite, Mayer avait servi en Indochine.

J'eus le sentiment qu'il serait moins regardant que son prédécesseur sur les moyens à utiliser pour vaincre le FLN.

Le 18 juin 1955, une série d'incidents terroristes se produisirent à Philippeville. J'ai ressenti cette vague inopinée d'attentats comme une offense personnelle et une provocation. J'avais appartenu aux services spéciaux de la France libre qui faisaient partie de l'état-major particulier du Grand [1]. De ce fait, des incidents un 18 juin, ce n'était pas convenable.

De plus, j'étais officier de renseignements, maintenant. Or, rien ne m'avait permis de prévoir les troubles

---

1. Le général de Gaulle.

qui venaient de se produire. Pour un officier de renseignements, un imprévu c'est très humiliant.

À divers endroits de la ville, sept bombes avaient explosé à la même heure. Des groupes isolés s'en étaient pris aux passants européens, à coups de feu, à l'arme blanche ou au bâton. Des voitures avaient été incendiées ainsi que des devantures.

La police, la gendarmerie et la demi-brigade, au prix d'accrochages parfois assez sérieux, avaient pu prendre assez rapidement le contrôle de la situation.

Un pied-noir qui se promenait dans la rue avait été abordé par un musulman. Ils se connaissaient bien. Pourtant, le musulman lui avait fendu le crâne à coups de hache. Alexandre Filiberti, le chef de la sûreté urbaine, s'était rendu au chevet du blessé qui lui avait soufflé à l'oreille le nom de l'agresseur. Le renseignement m'étant parvenu, nous l'avions presque aussitôt arrêté pour commencer à l'interroger. Je voulais absolument savoir si ces attentats étaient commandités par une organisation et quels en étaient les membres.

Il était important qu'il parle parce que cette flambée de violence nous avait surpris. De tels incidents pouvaient se renouveler à tout moment, et Dieu sait où. Et d'autres bombes exploser dès le lendemain. Le plus odieux de l'histoire, c'était qu'on ne s'en était pris qu'aux civils. Il fallait absolument que je sache qui était capable de donner des ordres pareils.

L'homme refusait de parler. Alors, j'ai été conduit à user de moyens contraignants. Je me suis débrouillé sans les policiers. C'était la première fois que je torturais quelqu'un. Cela a été inutile ce jour-là. Le type est mort sans rien dire.

Je n'ai pensé à rien. Je n'ai pas eu de regrets de sa mort. Si j'ai regretté quelque chose, c'est qu'il n'ait pas parlé avant de mourir. Il avait utilisé la violence contre une personne qui n'était pas son ennemie. Quelqu'un qui avait juste le tort de se trouver là. Un responsable, même un militaire, j'aurais pu comprendre. Mais là, un quidam de Philippeville, et de connaissance, par surcroît. Je n'ai pas eu de haine ni de pitié. Il y avait urgence et j'avais sous la main un homme directement impliqué dans un acte terroriste : tous les moyens étaient bons pour le faire parler. C'étaient les circonstances qui voulaient ça.

Après la mort de ce prisonnier, j'ai pressé mes informateurs de me dire ce qui se passait à Philippeville. Un groupe armé s'était-il constitué dans la ville ? J'ai fini par apprendre que les vrais chefs se cachaient dans le maquis, dans les rochers, les broussailles, les grottes. D'avion, on ne pouvait rien voir. Les roquettes, les bombes, l'artillerie seraient impuissantes à les déloger.

Au début du mois de juillet 1955, alors que le général Lorillot venait de prendre le commandement en chef des troupes françaises en Algérie, l'Oranie était tranquille, les attentats avaient presque cessé dans l'Algérois, le FLN ne se manifestait plus que par quelques actions ponctuelles. Seuls les Aurès et le Constantinois dans son ensemble demeuraient des zones difficiles. Comme c'était là qu'il était le mieux implanté, le FLN y mit en œuvre un régime de la peur et de la terreur destiné à favoriser la répression et à entraîner une population attentiste.

Vers le 20 juillet, j'ai eu la certitude qu'il existait une importante concentration de rebelles dans des zones boisées inaccessibles autour de Philippeville. Entre trois et cinq mille hommes, fellaghas et civils mêlés. Certains d'entre eux venaient des environs immédiats de Philippeville, d'autres du département voisin. J'ai activé mon réseau et effectué des recoupements. Un travail fastidieux.

En bonne logique, les rebelles devaient se nourrir. Ils étaient isolés. Ils n'avaient pas de parachutages ni de convois pour se ravitailler. Donc, ils devaient trouver de la nourriture à Philippeville. Aidé par la sûreté urbaine, je fis le tour des épiceries.

Mohammed, l'épicier mozabite [2] qui jusque-là vendait un sac de semoule tous les trois jours, venait d'en vendre cinquante d'un coup. C'était louche.

Plus inquiétant encore : un homme était arrivé dans une pharmacie et avait acheté plusieurs dizaines de boîtes de pansements.

Les recoupements m'amenèrent à la conclusion que, le 20 août 1955 à midi, le FLN lancerait une attaque massive et frontale de quelques milliers d'hommes contre Philippeville.

Zighoud Youssef, chef de la zone du Nord-Constantinois, avait décidé de mener une action spectaculaire et sanglante à l'occasion du deuxième anniversaire de la déposition de Mohamed V [3], sultan

---

2. Originaire de Ghardaïa, au Mzab.
3. Dès 1952, le sultan du Maroc, Mohamed V, avait demandé au président Auriol de réviser le protectorat français de 1912, ce qui lui avait valu

du Maroc. En même temps, il entendait appuyer la motion qui avait été déposée à l'ONU par sept pays afro-asiatiques, dont l'Inde, en faveur de l'indépendance de l'Algérie.

Cette attaque devait être combinée avec une action de commandos. Ceux-ci prendraient position dans des caves de la ville quelques jours avant l'offensive. L'idée du haut commandement du FLN était de prendre en otage une ville moyenne d'Algérie.

Je sus plus tard que, le même jour et à la même heure, ils voulaient s'emparer d'une ville marocaine. Ils avaient choisi Oued Zem. Il s'agissait de montrer au monde entier que les mouvements nationaux du Maghreb étaient solidaires et capables de mener des actions concertées.

En Algérie, les rebelles n'avaient pas les moyens d'investir une ville importante, encore moins de mener une attaque générale. S'en prendre à Philippeville était donc une bonne solution. C'était un port très animé et l'affaire ne risquait pas de passer inaperçue.

Un mois à l'avance, j'avais donc connaissance de cette importante opération, du lieu, de la date, de l'heure, des effectifs et de la tactique. Maintenant, il fallait surtout ne plus bouger et attendre l'ennemi de pied ferme.

---

d'être destitué le 20 août 1953, remplacé par son oncle et exilé à Madagascar.

L'attaque

J'ai rendu compte au colonel Mayer et je suis allé à Constantine pour informer également le lieutenant-colonel Decomps, du 2ᵉ bureau :

— C'est très simple, mon colonel, nous allons être attaqués le 20 août à Philippeville.

— Avez-vous entendu parler d'une opération analogue à Constantine ?

— On ne m'a parlé que de Philippeville. Je ne sais rien pour l'ensemble du Constantinois.

— Et au-dessus, à Alger, vous croyez qu'il y aura quelque chose ?

— Au-dessus, il n'y aura rien. En tout cas, pas tout de suite. Le FLN n'est pas prêt pour une offensive généralisée.

Je revins à Philippeville rédiger un rapport que je transmis au colonel.

— C'est bien beau, votre rapport, me dit Mayer, mais maintenant, il faut le signer et l'envoyer.

— Eh bien, signez-le et envoyez-le !

Mayer hésitait :

— Et s'il ne se passe rien le 20 août, j'aurai l'air de quoi ? Non, mais vous croyez que je vais prendre un risque pareil ?

— Mais, mon colonel, hurlai-je soudain, puisque je vous dis qu'il se passera quelque chose ! Alors, maintenant vous signez, bordel de Dieu !

Dans mon emportement, j'avais utilisé le juron favori du Grand. C'est peut être ça qui réussit à convaincre Prosper. En tout cas, il sauta sur son stylo et parapha mon rapport sans dire un mot.

Le jeudi 18 août, je fus informé que les commandos FLN commençaient à prendre position dans les caves de la ville. Il n'était évidemment pas question d'intervenir : cela aurait prouvé que nous avions des informations. Supporter pendant deux jours l'idée qu'il y avait tout près de nous des centaines d'hommes prêts à tuer était assez pesant. D'autant que nous n'étions pas très nombreux. Le lendemain, je fis les comptes : notre 1er bataillon était revenu d'opérations et les stagiaires de l'école de saut fourniraient l'appoint. Cela faisait à peu près quatre cents hommes au total, et de la bonne troupe. Mais quatre cents contre plusieurs milliers, c'était tout de même un peu juste.

Prosper, pour l'occasion, m'avait donné un adjoint : le lieutenant Soutiras, un saint-cyrien. Il était officier de transmissions, mais il avait horreur de ça et ne se privait pas de le dire. Son père, officier d'active, avait été tué au combat par les Allemands durant la campagne de France.

Le colonel rassembla ses officiers le 19 août. Il ne voulait pas me désavouer mais je sentais qu'il ne croyait pas un mot de mes prévisions. Il lut aux autres le rapport, puis s'adressa à moi :

— Demain samedi, je dois remettre dans la matinée les brevets de fin de stage à l'école de saut. Ensuite il y a une réunion au club des moniteurs. D'après vous, est-ce que je dois y aller ou pas ?

— Vous pouvez y aller. Surtout ne changez rien à votre programme : ils se méfieraient.

— Qu'est-ce que vous conseillez ?

— Rien de particulier. Service normal. Mais à midi moins cinq tout le monde devra être à son poste, le doigt sur la détente.

— Très bien. Messieurs, passez les consignes : si l'attaque se produit comme prévu à midi, vous faites ouvrir le feu sans économiser les munitions. Faites tirer à la mitrailleuse par bandes entières. Moi, j'appellerai des renforts. Quand l'attaque frontale sera stoppée, vous vous occuperez des commandos dans les caves. Et pas de cadeaux !

Le samedi 20 août 1955, pour me détendre, je décidai d'aller sauter. Il fallait que je le fasse de très bonne heure car le vent se levait en même temps que le soleil et il soufflait vers la mer. Or la zone de saut était sur la côte.

Je me suis réveillé à 3 heures du matin. Après avoir sauté, je suis revenu au lever du jour à la demi-brigade. En face, il y avait un bistrot tenu par le gendre du maire de Philippeville. À 8 heures, j'ai traversé tranquillement la rue pour aller me faire servir un petit

51

déjeuner copieux avec du café fort, des œufs frits et du vin. Je savais bien que les types des commandos qui m'épiaient depuis les caves devaient crever d'envie de me tirer dessus.

La chaleur commençait à devenir accablante.

Un des commissaires est passé :

— Alors, vous êtes prêt, capitaine ?

— Pour l'instant, comme vous voyez, je déjeune. On ne se bat pas bien à jeun.

— Un taxi vient de me dire que sa voiture venait d'être réquisitionnée par le FLN.

Un autre type est entré dans le bistrot. Il disait qu'il n'y avait plus un seul taxi à la station. Nous avons tout de suite pensé aux taxis de la Marne.

Le colonel Mayer s'entendait bien avec Paul Ducournau, un saint-cyrien de sa promotion qui commandait le 18e RCP de Saint-Charles. Ducournau lui avait dit que rien n'était prévu dans son secteur. Si l'attaque se produisait, il avait promis de voler à notre secours. Son deuxième bataillon était posté à six kilomètres au sud de Philippeville. La radio et le téléphone étaient écoutés par le FLN. Un signal avait été néanmoins convenu pour prévenir le capitaine Thomas qui commandait ce deuxième bataillon.

— Georges, ne te fais pas de bile, avait assuré Ducournau. Si les fels se pointent, tu n'as qu'à sonner et Thomas rappliquera avec le 18/2 pour leur taper dans le cul.

Il était presque midi. Je donnais les dernières instructions à mes hommes lorsque le commissaire Filiberti, le numéro deux de la sûreté urbaine, arriva, flanqué de deux gardiens.

— Capitaine, il faudrait absolument que vous me prêtiez vos gars et votre Dodge.

— Et pour quoi faire ?

— Eh bien, voilà : j'ai deux de mes gardiens qui doivent aller faire une arrestation à la Carrière romaine.

La Carrière romaine se trouvait à deux kilomètres au sud de Philippeville, tout près de l'endroit où stationnait le deuxième bataillon du 18e RCP.

— Je regrette, commissaire, c'est impossible.

— Mais pourquoi ?

— Vous me demandez pourquoi ! Alors que les fels risquent d'attaquer Philippeville dans moins d'une heure !

— Mais on n'en a pas pour une heure, je vous assure.

— Filiberti, ce n'est pas le moment d'aller grenouiller là-bas pour leur mettre la puce à l'oreille et se faire tuer en plus.

— Mais il y en a pour deux minutes. Vous ne pouvez pas me refuser ça !

J'ai fait venir Issolah et Misiry.

— Accompagnez ces messieurs à la Carrière romaine, vous cravatez les types et vous revenez à toute allure. Bien entendu, interdiction de vous laisser accrocher !

Une demi-heure plus tard, Filiberti revint, l'oreille basse.

— Mauvaise nouvelle. J'ai été appelé par les CRS qui sont au poste sud de Philippeville. Nos types sont accrochés par au moins cinq cents fels.

— Et merde ! Je savais bien que c'était une connerie d'aller là-bas. Pas question d'envoyer une section.

— Alors qu'est-ce qu'on fait ?

— C'est vous qui les avez mis dans ce pétrin. Débrouillez-vous !

Filiberti a couru jusqu'à sa voiture. Il est revenu en brandissant le 24-29 [1] qu'il avait apporté du bureau et qu'il ne quittait plus.

— Je vais les chercher !

— De mieux en mieux, lui ai-je dit. On a déjà quatre type foutus. Si on y ajoute un commissaire, on commence bien la journée !

Filiberti est parti quand même. En arrivant, lui et ses hommes virent Issolah, Misiry et les deux autres qui se défendaient comme des diables contre une nuée de fellaghas accompagnés de femmes qui poussaient des youyous. Filiberti sortit de la voiture et se mit à les arroser au FM.

À une centaine de mètres, un camion était arrêté et dégageait une forte odeur de pétrole. Il transportait des cocktails molotov destinés à l'attaque de Philippeville. Issolah, profitant de l'arrivée du commissaire et de ses hommes, s'approcha pour lancer une grenade et le camion explosa.

Ils réussirent à se replier. Quand ils revinrent, il était à peu près 11 h 30.

— Alors, ça commence quand votre truc ? me demanda Prosper, goguenard.

— C'est commencé, mon colonel, et je crois même

---

1. Fusil-mitrailleur.

qu'il serait temps d'appeler le 18/2 parce que sinon, nous allons déguster.

On fit prévenir le bataillon Thomas de se porter du côté de la Carrière romaine. Les rebelles avaient perdu du temps à cause de cet accrochage. Ils avaient des morts et ils prenaient la peine de ramasser leurs blessés. Le bataillon Thomas n'avait que quatre kilomètres à parcourir pour les intercepter. Quatre kilomètres au pas de course, ce n'était rien pour des paras bien entraînés. Le 18/2 arriva et tira dans le tas sans faire de détail. Les youyous ne les impressionnèrent pas. Tous ceux qui se trouvaient en face furent tués. Malheureusement, il y avait des femmes et des enfants que les fellaghas avaient entraînés avec eux.

À midi, dans le centre de Philippeville, les coups de feu commencèrent à se faire entendre de tous les côtés. Les rebelles, des gens de la campagne sommairement armés, étaient encadrés par des hommes du FLN, mieux équipés. C'était impressionnant parce qu'ils avançaient au pas dans les rues, comme à la parade. Philippeville comptait plus de vingt mille habitants. Même si beaucoup d'entre eux étaient à la plage, l'affaire pouvait très mal tourner.

De manière simultanée, les commandos, tapis dans les caves depuis deux ou trois jours, passèrent à l'action. La demi-brigade riposta immédiatement. Notre PC, où je me trouvais, fut mitraillé par des particuliers surgis d'un bistrot-hôtel qui était en face, à côté de celui où j'avais mes habitudes. Ils donnèrent l'assaut en hurlant.

J'en ai vite eu assez de ce vacarme et je suis sorti

avec quelques-uns de mes hommes. Les assaillants, étonnés de nous voir et pris sous les rafales de nos PM, ont bien été obligés de se replier vers le bistrot d'où ils venaient mais ils n'ont pas cessé de tirer pour autant.

Nous avons traversé la place à la course, arc-boutés sous une grêle de projectiles qui nous sifflaient aux oreilles. Nous étions sous des feux croisés venant de ceux d'en face et des autres qui arrivaient par les rues. Ça commençait à ressembler à l'enfer.

Le café avait une porte principale et une porte à l'arrière. J'ai crié à Misiry de me suivre pour essayer de les déloger à la grenade en passant par la porte dérobée. Mais elle était fermée. Il a tiré une rafale dans la porte. Aux éclats, on voyait bien qu'elle était épaisse. Quelques balles ont dû néanmoins traverser car on a entendu des cris à l'intérieur.

Nous sommes revenus du côté de l'entrée principale du bistrot. Une fusillade nous a accueillis. Après avoir lancé quelques grenades, nous nous sommes rués dans la salle du bistrot que nous avons arrosée à la mitraillette. Je n'ai jamais vu autant de bouteilles sacrifiées. Je ne parle même pas du patron qui n'aurait pas dû rester derrière son comptoir.

Alors, les types sont retournés dans la cave. Mais ils ne se sont pas enfermés et ils ont continué à tirer par la porte ouverte, bien décidés à tenir. On ne pouvait plus approcher. Impossible de les déloger de là sans de lourdes pertes. J'ai demandé à mes hommes de ne pas jouer les héros et de se contenter de continuer à tirer pour faire diversion. Pendant ce temps, je me suis approché avec Misiry. Nous avons jeté deux grenades. En explosant, elles ont mis le feu.

Un instant, les tirs venant d'en bas ont cessé. Mais la cave était grande. Je savais que le commando était toujours à l'intérieur et qu'ils n'allaient pas tarder à sortir. De part et d'autre, nous retenions notre respiration. Nous avons mis de nouveaux chargeurs. Brusquement, une vingtaine d'hommes ont surgi de la cave enfumée. Nous les avons accueillis au PM et aucun n'en a réchappé.

Dehors, la bataille faisait rage. Nous sommes passés au siège du parti communiste. Les militants avaient prudemment déguerpi pour laisser la place à une cinquantaine d'hommes du FLN qui y avaient passé la nuit. La preuve de la collusion que le lieutenant-colonel Decomps, du 2e bureau de Constantine, m'avait demandée n'était plus à faire.

Dans la rue qui longeait la demi-brigade, des rebelles continuaient à avancer, l'air hébété. Je récupérai un légionnaire qui traînait pour venir m'aider à les arrêter. Le légionnaire se mit à tirer au fusil sur les hommes qui s'écroulaient les uns après les autres.

Leur attitude était incompréhensible. Quand un fellagha tombait, ses compagnons ne réagissaient même pas et continuaient à avancer avec indifférence au lieu de chercher à se mettre à couvert ou à faire demi-tour. Ils n'avaient pas l'air d'être concernés par ce qui se passait. Dans les rues adjacentes, ils furent reçus à la mitrailleuse. Pourtant, aucun de ces hommes ne recula. De ce fait, ils eurent beaucoup de pertes.

Le sous-préfet Dupuch, paniqué, avait câblé un message à Alger disant que Philippeville était tombé aux mains du FLN, que tout était fini. Puis, il était allé s'enfermer dans sa cave. Mais le samedi, à Alger, tout le monde est à la plage et on se moquait autant des messages de Dupuch que du rapport que Mayer avait transmis un mois plus tôt. Personne n'avait pris au sérieux les menaces qui planaient sur nous. Je le savais par mon cousin qui vivait là-bas et que je voyais de temps en temps. Ses amis disaient que le FLN, ça n'existait pas.

Les rebelles laissèrent cent trente-quatre morts dans les rues de la ville et plusieurs centaines de blessés qu'ils ne s'occupèrent même pas de ramasser. De ce fait, la demi-brigade dut les secourir. Un sous-officier infirmier fut tué en allant chercher un fellagha blessé. Un de nos chefs de groupe avait essuyé des tirs venant d'une cave. Au lieu de mettre le feu à la maison ou de déloger les assaillants à la grenade, il voulut donner l'assaut à la loyale, ce qui lui a valu de rentrer en métropole entre quatre planches. Deux bonnes intentions, deux tués. Il y eut aussi une centaine de blessés.

On ramassa un petit chef FLN très mal en point devant le commissariat qu'il avait voulu attaquer. Mauvaise idée, car il était attendu de pied ferme par Filiberti qui ne lâchait plus son 24-29. Tous les coéquipiers de cet homme avaient été tués. Lui, comble de malchance, était fiché par Filiberti. Le commissaire n'était donc pas très pressé d'envoyer le blessé à l'hôpital. Il préférait l'interroger. Il me demanda le concours d'Issolah qui joua les prisonniers FLN. On le jeta dans la cellule du blessé avec un coup de pied aux fesses.

— On n'a pas de chance, pleurnicha Issolah qui

était un très bon comédien. On en a vraiment pris plein la gueule aujourd'hui.

— Oui, répondit l'autre, mais Zighoud Youssef, le chef du Constantinois, s'en est sorti. Si Khaled aussi.

— Si Kalhed [2] ? Lequel ?

— Si Kalhed... El Mesri [3].

Le blessé expira sans en dire plus. Un autre responsable avait eu la cuisse fracturée par une balle de 12,7 [4]. Il fut opéré par le docteur Vincent, le chirurgien de l'hôpital de Philippeville, assisté du docteur Py d'Alger, venu en renfort. Ils n'arrivaient pas à l'anesthésier. Le penthotal que lui avait injecté l'infirmière ne lui faisait aucun effet. Il fallut une deuxième dose. À peine l'opération était-elle terminée que le rebelle ouvrit les yeux. Les chirurgiens s'étonnèrent et finirent par comprendre : la plupart de nos assaillants étaient abrutis par tout le kif qu'on leur avait fait fumer, ce qui expliquait leur indifférence quand nous tirions sur eux.

À 1 heure de l'après-midi, tout était fini. Conformément aux consignes de Zighoud Youssef, les chefs, voyant que l'affaire tournait mal, avaient ramassé les armes des morts et s'étaient repliés en laissant leurs hommes, valides ou blessés, s'expliquer avec nous. Zighoud Youssef avait froidement calculé les pertes importantes qu'il aurait, car ses combattants étaient faiblement armés. L'essentiel était de frapper l'opinion. Plus il y aurait de sang, plus on en parlerait.

---

2. Monsieur Khaled.
3. Monsieur Khaled, l'homme du Caire.
4. Calibre de mitrailleuse lourde.

Zighoud Youssef avait mis en avant des paysans dopés au haschish. Pour lui, leur mort ne comptait pas plus que celle des civils français qu'il leur avait ordonné de massacrer. Je me rendis compte que, sans mes informations, il y aurait eu à Philippeville un carnage semblable aux atrocités d'El-Halia.

El-Halia

Vers 2 heures de l'après-midi, nous fûmes prévenus que l'attaque, concentrée principalement sur Philippe-ville, avait touché d'autres villages et petites villes du Constantinois.

À vingt-deux kilomètres à l'est, se trouvait une mine isolée où l'on exploitait du sulfure de fer. Elle avait été choisie comme une des cibles du FLN. À El-Halia, deux mille musulmans cohabitaient avec cent trente Européens. Les uns et les autres étaient payés au même tarif et bénéficiaient des mêmes avantages sociaux. Cette situation était exactement ce que le FLN ne pouvait pas supporter. Je n'avais pas cru que les rebelles attaqueraient cette mine ni qu'ils auraient la lâcheté de ne s'en prendre qu'aux civils d'origine européenne.

Pourtant, Zighoud Youssef avait donné comme consigne de tuer tous les civils européens, et de les tuer avec toute la cruauté possible. De ces exactions, il escomptait que les Français, frappés de stupeur et terrorisés, déclenchent une répression sans précédent qui souderait définitivement la population musulmane contre les pieds-noirs et sensibiliserait l'opinion internationale.

À l'heure du repas, par une chaleur caniculaire, deux groupes de fellaghas avaient attaqué par surprise et commencé à massacrer tous les civils qui se trouvaient chez eux. Dans les maisons, il y avait des enfants qu'on tenait à l'abri de l'insolation et des femmes qui préparaient tranquillement le déjeuner en attendant le retour de leurs maris.

J'avais fait le tour de la mine quelques jours plus tôt et vérifié le système d'autodéfense très sérieux que le directeur avait mis en place. Compte tenu des excellentes relations qui existaient à El-Halia entre Français et musulmans, je n'avais guère d'inquiétude. Les ouvriers pieds-noirs, de leur côté, avaient entièrement confiance en leurs camarades musulmans. Ils ne doutaient pas un instant que la solidarité fraternelle qui les unissait jouerait en cas d'attaque. Pour ne pas prendre le risque qu'il y ait des fuites susceptibles de montrer au FLN que nous étions prévenus, ce qui aurait amené à reporter l'attaque, à griller mes agents, donc à rendre une opération ultérieure beaucoup plus difficile à prévoir, je n'avais rien révélé au directeur des informations en ma possession. Par précaution, j'avais fait mettre en alerte le camp Péhau dont nous disposions à dix kilomètres de la mine, sur la route de Philippeville, et qui servait pour l'instruction du contingent.

Le système de défense d'El-Halia était principalement constitué par un dépôt de fusils et de mitraillettes en nombre suffisant. Pourtant, le jour venu, le système ne fonctionna pas : celui qui avait la clé de l'endroit où se trouvaient les armes était parti se baigner à la plage de Philippeville.

Deux ouvriers pieds-noirs de la mine parvinrent à s'échapper et arrivèrent, éperdus, hors d'haleine, au camp de Péhau. Ils criaient et disaient en pleurant que des hommes tuaient avec une férocité inouïe, qu'ils s'étaient emparés des bébés pour les écraser contre les murs, qu'ils étripaient les femmes de tous âges après les avoir violées.

À Péhau, nous ne disposions que de deux cents jeunes recrues commandées par le capitaine Perret, qui revenait de Diên Biên Phû, et le lieutenant Nectoux, un Bourguignon.

Mayer, en apprenant la catastrophe, décida de reprendre la mine au plus vite. Utiliser des soldats du contingent qui n'avaient pas terminé leur instruction et savaient à peine recharger leur arme ou comprendre un ordre était extrêmement risqué. Mais ils se trouvaient sur place et Mayer, quand il le fallait, prenait ses responsabilités. Il ordonna donc à Perret de les faire attaquer sans manœuvrer, comme les soldats de l'an II à Valmy, le plus simplement possible : en ligne au coude à coude avec ouverture du feu au commandement pour éviter les accidents.

Tout ce que pouvait faire Mayer était d'appeler au secours le groupement d'aviation tactique de Constantine. Deux T6 [1] disponibles décollèrent immédiate-

---

1. Avions monomoteurs biplaces d'entraînement qui furent utilisés en Algérie pour l'attaque au sol.

ment pour appuyer les deux cents appelés qui, sans hésiter, donnèrent bravement l'assaut pour sauver les civils encore vivants. Aucun d'entre eux ne perdit son sang-froid. Ils n'ouvrirent le feu qu'à vue et au commandement de leurs officiers. Les pilotes non plus ne déméritèrent pas. On releva quatre-vingts tués du côté des fellaghas et soixante prisonniers.

Malheureusement, ce qu'ils avaient eu le temps de faire aux Européens de la mine dépasse l'imaginable. On retrouva trente-cinq corps. Il y avait quinze blessés et deux disparus. Quand j'ai vu les enfants coupés en morceaux, égorgés ou écrasés, les femmes éventrées ou décapitées, je crois que j'ai oublié ce que c'était que la pitié. Le plus incroyable est que ces gens avaient souvent été massacrés et mutilés par leurs voisins musulmans qui, jusque-là, vivaient en bonne intelligence avec eux. On les avait fait boire, fumer du kif. On les avait incités à piller les maisons des ouvriers pieds-noirs et on leur avait montré l'exemple.

Vers 16 heures, Nectoux appela Mayer au téléphone :

— Mon colonel, je suis là-haut, à la mine. Ah, mon Dieu ! C'est pas beau à voir !

— Combien à peu près ?

— Trente. Quarante, peut-être, mon colonel. Mais dans quel état !

— Vous avez des prisonniers ?

— Oui, à peu près soixante. Qu'est-ce que j'en fais, mon colonel ?

— Quelle question ! Vous les descendez, bien sûr !

Un quart d'heure plus tard, nous avons entendu des

bruits de moteur. Des camions GMC arrivaient. C'était Nectoux.

— C'est quoi, tous ces camions, Nectoux ?

— Ben, je suis venu avec les prisonniers, mon colonel, puisque vous m'avez dit de les descendre.

Prosper et moi avons réprimé un rire nerveux qui n'était peut-être que de la rage. Je me suis tourné vers Nectoux :

— C'est parce que vous êtes bourguignon, Nectoux, que vous ne comprenez pas le français ?

Le lieutenant, qui n'aimait pas qu'on le taquine sur son accent, était vexé. Son expression était si comique que, cette fois, nous avons vraiment éclaté de rire, comme on peut le faire quand le burlesque le dispute au tragique.

— Allez, débarquez votre cargaison et foutez-moi le camp, Nectoux !

J'ai dit au colonel que j'allais m'en occuper. Mayer n'a rien répondu. Nous nous entendions très bien et je savais qu'il approuvait mon action.

Dans le groupe de prisonniers, j'ai pris un homme pour l'interroger moi-même. C'était un contremaître musulman qui avait assassiné la famille d'un de ses ouvriers français.

— Mais pourquoi tu les as tués, bordel de Dieu, ils ne t'avaient rien fait ! Comment tu as pu tuer des bébés ?

— On m'avait dit que je ne risquais rien.

— Tu ne risquais rien ? Comment ça ?

— Hier, il y a un représentant du FLN qui est venu nous trouver. Il nous a dit que les Égyptiens et les Américains débarquaient aujourd'hui pour nous aider.

Il a dit qu'il fallait tuer tous les Français, qu'on ne risquait rien. Alors j'ai tué ceux que j'ai trouvés.

Je lui ai répondu en arabe :

— Je ne sais pas ce qu'Allah pense de ce que tu as fait mais maintenant tu vas aller t'expliquer avec lui. Puisque tu as tué des innocents, toi aussi tu dois mourir. C'est la règle des parachutistes.

J'ai appelé Issolah :

— Emmène-le, il faut l'exécuter immédiatement ! Pour les autres, va me chercher Bébé.

— Bébé le garagiste ?

— Exactement.

Bébé, c'était un adjudant de la Résistance. Son surnom lui venait de son air juvénile. C'était le chef du service auto.

Comme tout le monde savait ce que nous faisions, quelques jours plus tôt, Bébé s'était présenté à moi.

— Mon capitaine, il faut que je vous parle.

— Allez-y, Bébé.

— Voilà. Je suis au courant de ce que vous faites. Je voudrais travailler avec vous.

— Désolé, Bébé, mais j'ai tous les hommes qu'il me faut. Je crois que vous êtes plus utile à votre garage.

Déçu, il insista :

— Mon capitaine, si un jour vous avez besoin de renforts, n'oubliez pas que je suis là.

— Eh bien c'est entendu, je n'oublierai pas.

Le 20 août, je me suis souvenu de la proposition de Bébé :

— Si j'ai bonne mémoire, lui ai-je dit, vous m'avez dit que vous étiez au courant de ce que je faisais, que vous vouliez travailler avec moi.

— Tout juste, mon capitaine.

— J'accepte votre proposition. Aujourd'hui, j'ai justement un travail pour vous. Allez chercher tous vos hommes avec leur PM et tous les chargeurs pleins que vous pourrez trouver.

J'ai fait aligner les prisonniers, aussi bien les fels que les ouvriers musulmans qui les avaient aidés.

Au moment d'ordonner le feu, Bébé était nettement moins chaud. Il aurait sûrement préféré retourner dans son cambouis. J'ai été obligé de passer les ordres moi-même. J'étais indifférent : il fallait les tuer, c'est tout, et je l'ai fait.

Nous avons feint d'abandonner la mine. Des pieds-noirs rescapés ont été chargés de faire le guet.

Quelques jours plus tard, comme on pouvait s'y attendre, les fellaghas sont revenus. Une fois prévenus par nos guetteurs, nous y sommes montés avec le premier bataillon.

Nous avons fait une centaine de prisonniers qui ont été abattus sur-le-champ.

Il y a eu d'autres exécutions sur mon ordre après la bataille de Philippeville. Nous avions capturé environ mille cinq cents hommes, des rebelles arrêtés le jour même ou le lendemain. On les a réunis dans une grande cour. Je suis venu avec les policiers pour faire le tri. Chaque service — RG, sûreté urbaine, PJ, gendarmerie — était censé récupérer ceux qu'il souhaitait interroger.

Bien sûr, parmi ces prisonniers, il y avait des montagnards, des types de la campagne qu'on avait enrôlés de force. Souvent nous les connaissions. Ceux-là, nous les avons vite libérés.

Mais il y avait les autres, les acharnés, ceux qui étaient prêts à recommencer le lendemain si on leur en donnait l'ordre. Une fois qu'ils avaient été interrogés et que nous en avions tiré tout ce que nous pouvions, que fallait-il en faire ? J'ai bien essayé de les répartir entre les différents services qui les avaient interrogés. Mais, sachant qu'il s'agissait d'éléments irrécupérables, chacun préférait me les laisser pour que je m'en occupe. Ce n'était pas dit ouvertement, mais on me le fit assez clairement comprendre.

Pourtant, j'ai insisté tant que j'ai pu pour que les prisonniers ne me tombent pas entre les mains :

— Allons, commissaire, cet homme est pour vous. Prenez-le !

— Vous ne pouvez pas me le garder ? répondait le commissaire. J'essaierai de le récupérer demain.

— Mon cher commissaire, ça m'embête beaucoup, mais je ne sais plus où les mettre. Et vous le gendarme ?

— Moi ? Je ne peux pas l'emmener à la brigade. Je n'ai pas de place.

— Oh, vous commencez vraiment à m'emmerder, tous autant que vous êtes !

Le lendemain, j'ai recommencé mais ils étaient toujours aussi fuyants.

— Et cette fois, vous les voulez, oui ou merde ?

Tous les civils regardaient leurs souliers.

— Très bien, j'ai compris.

Alors, j'ai désigné des équipes de sous-officiers et je leur ai donné l'ordre d'aller exécuter les prisonniers.

Je m'efforçais de ne jamais désigner les mêmes hommes pour accomplir ce genre de besogne.

C'étaient rarement des appelés. Sauf quand ils étaient particulièrement aguerris et avaient au moins un an de service. Ils n'avaient pas d'état d'âme. Quand tout fut terminé, je fis un compte rendu et j'aidai les inspecteurs des RG à rédiger le leur. Le commissaire Arnassan étant en mission en France, je m'étais installé dans son bureau. J'appris que d'autres massacres avaient eu lieu à El-Arouchi, à l'oued Zenatti, à Catinat, à Jemmapes. À Constantine, le neveu de Ferhat Abbas, jugé francophile, avait été assassiné dans sa pharmacie.

Nous avons ramassé les morts du FLN qui se trouvaient dans les rues et les avons rangés au stade municipal. Cent trente-quatre cadavres étaient ainsi alignés sur une piste du stade, gardés par des soldats du bataillon du 18. Ceux qui étaient tombés dans les buissons, on ne les a retrouvés que les jours suivants. À l'odeur, car nous étions en plein mois d'août.

Au total, il y avait à peu près cinq cents morts du côté du FLN, en comptant ceux qui avaient attaqué les forts défendant Philippeville et s'étaient fait recevoir à la mitrailleuse.

Le journaliste local est venu rôder autour du stade. Il a négocié avec la sentinelle et a réussi à entrer pour prendre des photos, quitte à déplacer quelques corps pour faire plus vrai. Les clichés ont été vendus à prix d'or à *Life*. Les cent trente-quatre morts sont de ce fait devenus, grâce aux commentaires américains, cent trente-quatre malheureux prisonniers exécutés par les parachutistes français. La photo était truquée, mais la presse voulait des images prouvant que nous étions des salauds, et peu importait lesquelles.

J'ai demandé à la municipalité de Philippeville de mettre les pompes funèbres à ma disposition et de me montrer où était le cimetière musulman. Il fallait creuser une fosse orientée vers La Mecque. Là-bas, au mois d'août, le sol c'est de la brique. Une pelle mécanique était indispensable. La seule qui fût disponible se trouvait à l'école d'agriculture. Je suis allé voir le directeur avec Soutiras, Issolah, Misery et deux autres hommes, des pieds-noirs. Ils s'appelaient Maurice Jacquet et Yves Cuomo. Tous deux étaient des caporaux-chefs engagés, jusque-là utilisés comme chauffeurs et mécaniciens. Ils parlaient l'arabe couramment.

Le directeur de l'école d'agriculture était un officier de réserve. Il a pourtant refusé de nous prêter sa pelleteuse. J'ai dû le menacer de l'arrêter pour le forcer à céder l'engin et un chauffeur. J'ai fait creuser une fosse de cent mètres de long, deux mètres de large et un mètre de profondeur. Nous y avons enseveli les corps.

Le lendemain, une femme des services d'hygiène de la préfecture est venue à mon bureau. Elle représentait les autorités d'Alger qui me faisaient envoyer de la chaux vive pour faire disparaître les cadavres.

Le même jour, nous avions reçu, toujours d'Alger, par la voie hiérarchique officielle, un message de l'état-major qui disait d'arrêter la répression.

Mais, par un autre circuit, on me fit discrètement passer, au nom de toute la « crémerie », les félicitations appuyées de Lefort [2], mon successeur à la section d'instruction du Service Action.

___
2. Didier Faure-Beaulieu.

Le lundi 22 août 1955, le général Jacques Massu appela Mayer pour lui annoncer sa visite. Massu voulait profiter des événements récents pour inspecter notre unité. Il avait le titre de commandant de la 10e division parachutiste, mais elle n'était pas encore parfaitement organisée.

En moins d'un an de guerre, Massu n'avait pas eu le temps de bien connaître les unités placées sous ses ordres. Il était abasourdi de voir que dans un combat aussi violent nous ayons eu deux tués seulement.

Il déjeuna au mess et, avant de remonter dans son hélicoptère, il posa enfin la question qui le tracassait :

— Alors, Mayer, racontez-moi un peu ce qui s'est passé. Parce qu'il y a quelque chose que je ne comprends pas très bien dans cette histoire.

— C'est pourtant très simple : nous étions informés de l'attaque avec beaucoup de précision, mon général. Demandez plutôt à l'officier de renseignements, le capitaine Aussaresses.

— Qui est-ce, celui-là ?

— Un officier des services spéciaux qui a été parachutiste de la France libre et qu'on nous a envoyé.

Massu m'a fait venir.

— Comment diable avez-vous fait pour obtenir le renseignement ?

— J'ai fait ce qu'il fallait et j'ai été aidé.

— Par qui ?

— Notamment par la police.

Massu poussa un grognement et remonta dans son hélicoptère sans commentaires. J'ignorais, ce jour-là, à quel point il m'avait repéré.

Nous avons reçu peu après un message du général

Lorillot, commandant supérieur militaire en Algérie. Il voulait rencontrer les officiers proposables pour l'avancement, mais aucun de nous ne fut promu. Il n'y eut aucune récompense pour aucun des hommes de la demi-brigade. Nous avions arraché des milliers de civils à un sort funeste mais la République ne nous connaissait plus.

Brigitte Friang, une journaliste, par ailleurs ancienne des services spéciaux, vint faire un reportage. Elle connaissait bien Prosper et Monette.

Mayer et moi nous avions confiance en elle, aussi je m'occupai de la briefer.

Après le départ de Brigitte, je rendis compte à Prosper.

— Alors, vous lui avez dit quoi ? me demanda-t-il.

— Eh bien, la vérité, mon colonel.

— La vérité ?

— Oui, la vérité. Je lui ai dit que la population musulmane approuvait notre action et nous soutenait massivement.

Mayer se tordit de rire. Mais lorsque l'article parut, force fut de constater que le papier nous était très défavorable. Brigitte envoya un mot à Mayer pour s'excuser : on avait trafiqué son reportage, du coup elle démissionna du journal.

Pendant les neuf mois qui suivirent, nous fûmes à peu près tranquilles à Philippeville. Comme la plupart des délinquants de droit commun étaient aussi membres du FLN, bon nombre d'entre eux avaient trouvé la mort le 20 août et les jours d'après. De ce fait, la ville devint tellement calme que le juge Voglimacci put prendre un peu de repos.

Le petit Messaoud

À l'automne, compte tenu des événements qui venaient de se produire et qui pouvaient susciter des représailles, j'ai jugé plus prudent de renvoyer ma famille en France. Beaucoup d'officiers agissaient de même car il n'était pas rare que le FLN s'en prenne à l'entourage des officiers. Tous les moyens étaient bons.

Au cours d'une réunion tenue avec le commissaire Filiberti, un de ses collègues, le commissaire Blanc, nous avait dit que, si nous voulions en finir, la meilleure solution était de mettre à prix la tête de nos principaux adversaires. Je trouvai l'idée très bonne. Et Filiberti fut de mon avis.

Sept noms furent retenus, dont Zighoud Youssef et Gharsallah Messaoud. Nous avons rédigé un tract pour chacun de ces hommes. Par acquit de conscience, Issolah l'a traduit en arabe mais ce n'était pas nécessaire car, parmi les musulmans instruits, plus nombreux étaient ceux qui lisaient le français que l'arabe.

Le plus important, c'étaient les photos et la somme promise pour la récompense. Le commissaire n'avait pas de crédits pour fabriquer les tracts. Encore moins pour payer les primes.

Nous nous sommes adressés au service de propagande du gouvernement général qui nous a tiré sept fois cinq mille exemplaires. L'ALAT [1] nous a fourni un appareil.

Nous avions choisi des points de largage stratégiques : le quartier arabe de Philippeville pour l'ensemble des tracts, la falaise qui dominait le terrain d'aviation pour celui concernant le petit Messaoud.

Nous n'avons pas oublié s'arroser le bordel de Philippeville dont la tenancière était un agent fidèle du commissaire. Cette musulmane allait jusqu'à fermer son établissement le Vendredi saint. Après le largage, elle est d'ailleurs arrivée en courant au commissariat pour dire à Filiberti que les tracts avaient eu un grand succès auprès de ses filles. Elles avaient reconnu plusieurs de leurs habitués.

Les hommes du petit Messaoud, voyant les tracts, commencèrent à regarder leur chef d'une manière si bizarre qu'il ne tarda pas à s'inquiéter.

En novembre 1955, le 2ᵉ REP [2] était arrivé pour relever le 1ᵉʳ RCP qui allait partir pour Khenchela, dans l'Aurès. Mes fonctions d'OR dans le secteur de Philippeville auraient ainsi dû prendre fin. Mais le colonel Lacapelle, nouveau commandant de secteur, exigea

---

1. Aviation légère de l'armée de terre.
2. 2ᵉ régiment étranger de parachutistes.

que je reste à Philippeville avec mon équipe. Je dus
obéir, sans enthousiasme. Il me reçut avec froideur. Je
passai rapidement les consignes à ceux qui allaient me
succéder : le capitaine Happe et le capitaine Vial.
Happe était un officier des affaires militaires musulmanes. C'était lui qui devenait l'officier de renseignements du secteur et il parlait arabe couramment.
Clodius Vial était l'officier de renseignements du
2ᵉ REP. Tous deux connaissaient leur métier, mais il
fallait que je leur apprenne vite à connaître la région.
Ensemble, dès décembre 1955, nous avons monté une
grosse opération avec le concours des hommes de
Filiberti.

Nous avions participé à la création d'un commando
du régiment. Ce commando nous avait amené un
suspect appréhendé à Philippeville.
Nous l'avions interrogé, Issolah et moi. L'interrogatoire s'était passé sans violence et de manière très
détendue. L'homme se disait prêt à nous aider. Il avait
fallu discuter trois heures sans perdre patience. Mais il
semblait de bonne foi et ne s'était jamais battu. Il servait d'armurier et gardait un dépôt. Il nous parla d'une
grotte près d'un bois brûlé mais, malgré sa bonne
volonté, il lui fut impossible de nous désigner un point
précis sur la carte.
Quelque chose fut vaguement repéré grâce à un
avion d'observation, assez loin de Philippeville. C'est
sur ces maigres renseignements que l'opération fut
montée.
Nous marchâmes longtemps. Le colonel Masselot,
qui commandait le 2ᵉ REP, voulait faire demi-tour. Il

faut dire qu'il ne m'aimait guère. Il me prêtait des aventures féminines qui le rendaient jaloux.

Issolah, de son côté, accompagnait un capitaine de la Légion qui se donnait de grands airs :

— Dites donc, sergent, votre prétendu tuyau, c'est vraiment de la merde, depuis des heures qu'on crapahute pour rien ! Ça va durer longtemps, votre cirque ?

— Un peu de patience, mon capitaine ! Il faut continuer. Le tuyau est bon, j'en suis sûr.

Pour calmer la mauvaise volonté de ces officiers, Issolah dut partir en éclaireur et s'enfoncer dans le maquis avec des voltigeurs de la Légion. Il finit par tomber sur le bois brûlé.

Un fel passait par là. Issolah tira sur lui à la carabine. Le fel s'arrêta et repartit. Issolah tira encore. Le fel s'arrêta et ne leva qu'un bras. Dans l'autre, il avait reçu les deux balles tirées par le sous-officier.

Le prisonnier nous mena au dépôt d'armes. C'est ainsi que nous avons trouvé cent cinquante fusils : des « stati » italiens [3], quelques Mauser, des fusils de chasse.

Zighoud Youssef est tombé dans une embuscade tendue par des Sénégalais à la limite ouest du secteur de Philippeville. Ni lui ni ses hommes n'en sont sortis vivants. Les tirailleurs sénégalais ne rigolaient pas.

La division de Constantine nous dit de nous débrouiller pour la récompense promise. C'est un

---

3. Carabines Mannlicher Carcano munies d'un chargeur de six cartouches. Ces armes légères, très répandues, armaient tous les soldats italiens. Après la campagne de Tunisie, elles jonchaient les champs de bataille, et elles servirent à équiper le FLN.

commandant du 1er RCP qui dut sacrifier sa solde pour la payer.

J'ai obtenu que mon détachement auprès du secteur de Philippeville se termine. Mes relations étaient un peu tendues avec les nouveaux venus. Georges Mayer m'avait proposé, pour me changer les idées, de répondre à une demande qui émanait de la direction du personnel de l'armée de terre. Ils cherchaient des officiers pour un stage en Angleterre. Pour être candidat, il fallait avoir fait de l'appui aérien [4]. C'était mon cas. J'avais appris en Angleterre.

Au printemps de 1956, je fus donc envoyé au camp de Salisbury, pour un exercice top secret d'un mois. Là quelques Français, des Britanniques et des Américains s'initiaient aux subtilités de l'appui feu et de l'appui transport. On étudiait comment embarquer une brigade de parachutistes de cinq mille hommes pour une opération, quelque part en Méditerranée. Il fallait répartir la brigade entre les avions, choisir les aéroports, estimer les poids. Nous avons accompli un travail très précis. L'embarquement a été étudié à partir de Chypre et à partir de la Turquie. Nous ne savions pas que nous préparions l'opération de Suez [5].

---

4. Relations avec l'armée de l'air : appui feu ou ravitaillement par air.
5. Le général Gamal Abdel Nasser, nouveau président de la République égyptienne (proclamée en 1953) souhaitait que les Britanniques évacuent l'Égypte, ce qui fut fait fin juin. Un mois plus tard, il nationalisa le canal de Suez. Une riposte franco-anglaise, appuyée par Israël, fut décidée fin août. Les Français savaient que Nasser soutenait le FLN. L'expédition eut lieu le 4 novembre 1956 et se déroula victorieusement. Mais, sous la pression des États-Unis et de l'URSS, un cessez-le-feu intervint trois jours plus tard. Comme on le voit, l'expédition avait été préparée dès le printemps.

À mon retour, au mois de mai 1956, je me rendis à Khenchela. Mayer me donna l'ordre de rester à Bône [6] où se trouvait la base arrière du régiment. Il voulait que je la réorganise.

En arrivant là-bas, j'appris que le commandement avait décidé que les parachutistes s'y entraîneraient pour des sauts de masse par vagues de mille hommes. C'était une autre phase de la préparation de l'expédition de Suez.

Beaucoup de régiments étaient donc venus pour sauter. Parmi eux, le 3e RPC [7] du lieutenant-colonel Marcel Bigeard. Je le connaissais bien. Nous avions été parachutés dans le même maquis de la fédération anarchiste ibérique en 1944 [8].

Il me proposa de sauter avec toute son unité le lendemain matin, 1er juin 1956. Je le retrouvai au terrain avec Lenoir, dit « la vieille [9] », son adjoint. En tant qu'invité, je devais sauter en premier, et donc embarquer le dernier. Les parachutes étaient pliés à Philippeville par des spécialistes qui travaillaient jour et nuit, puis ils étaient entassés sur l'aire d'embarquement. Chacun se servait au passage. Je crus avoir beaucoup de chance d'en trouver encore un au moment où tout le régiment était déjà embarqué. Mais la chance n'y était pour rien.

_____

6. Aujourd'hui, Annaba.
7. 3e régiment de parachutistes coloniaux.
8. Dans l'Ariège, entre Pamiers et Mirepoix.
9. Marcel Bigeard avait pris l'habitude d'appeler Lenoir « ma vieille », ce qui déplaisait beaucoup à l'intéressé.

Le même jour, à Philippeville, Filiberti avait appris que son commissariat allait être attaqué par un commando. Il avait prévenu le capitaine Vial et tout le monde s'était préparé à recevoir comme il convenait les assaillants qui n'étaient autres que le petit Messaoud et douze de ses hommes.

Il y a eu une sérieuse fusillade. Le petit Messaoud et son équipe furent criblés de balles. Vial fut grièvement blessé par une balle de 9 mm qui lui éclata le fémur sans toucher l'artère, heureusement pour lui.

À Bône, j'ai été largué à quatre cents mètres, tout fier d'être suivi par l'ensemble du 3e régiment de parachutistes coloniaux. L'ouverture du parachute m'a tout de suite semblé bizarre. Je m'aperçus vite que je ne pouvais plus me servir de mon bras droit. Le parachute était en saucisson. Les suspentes passaient autour de la voilure et mon bras était pris dans le harnais. J'aurais dû ouvrir le ventral tout de suite. Mais, par amour-propre vis-à-vis du 3e RPC, je ne l'ai pas fait. Le sol se rapprochait et je commençais à entendre les types d'en bas qui me criaient :

— Ventral, ventral !

Je croyais avoir le temps. Au dernier moment, j'ai agrippé le ventral et je l'ai jeté devant moi pour l'ouvrir. Malheureusement, le ventral aussi s'est mis en torche. Je l'ai rattrapé et j'ai essayé de l'écarter pour le déplier puis je l'ai lancé de nouveau et il s'est ouvert. Au même moment, j'ai ressenti une terrible secousse : je venais de toucher le sol. Je ne sentais plus rien. C'était magnifique, presque surnaturel, de voir tous ces hommes qui descendaient du ciel. J'ai entendu des cris lamentables. C'était mon chauffeur. J'essayai vainement de me tourner vers lui. J'étais paralysé, mais je ne perdis pas conscience.

Nous fûmes quatorze à nous retrouver à l'hôpital.

— Vous avez de la chance, juste une fracture de la colonne vertébrale, me dit une religieuse qui tenait lieu de surveillante. Ça vaut mieux que de se casser une jambe.

— Ma sœur, vous plaisantez, j'espère ?

— Pas du tout, capitaine ! La colonne, ça s'arrange très bien. Mais les jambes, ça ne s'arrange pas toujours. J'ai l'habitude.

Le chirurgien m'assura qu'il avait eu la même fracture lors d'un accident de moto. Je souris tristement en repensant à mes vols planés en Harley-Davidson quand j'étais au fort de Montlouis, le PC du 11e Choc.

— Docteur, dites-moi la vérité ! Je serai paralysé, n'est-ce pas ?

— Je vais tout faire pour que ça n'arrive pas, je vous le promets. C'est moi qui vais vous opérer, et je serai bon.

— Si ça marche, je pourrai ressauter ?

— Dans six mois.

Le médecin a été bon. Il m'a étiré selon une technique mise au point, paraît-il, par le professeur Merle d'Aubigné, un célèbre chirurgien de l'époque. Ensuite il m'a plâtré. J'ai été transféré à l'hôpital d'Alger et rapatrié en France. Pendant quatre mois, totalement immobilisé, j'ai traîné dans les hôpitaux militaires parisiens. D'abord à l'hôpital Percy de Clamart, puis à l'hôpital Villemin, près de la gare de l'Est.

Je ne retournai en Algérie qu'en octobre 1956. À mon grand désespoir, l'essentiel de mon régiment était parti sans moi pour Chypre. Je n'avais pas le droit de sauter en parachute jusqu'au printemps 1957, mais c'était quand même mieux qu'un fauteuil roulant. Le 5 novembre 1956, j'appris, le cœur serré, que le 2ᵉ régiment de parachutistes coloniaux de Philippeville avait sauté la veille sur Suez. Les larmes me montèrent aux yeux en imaginant tous ces hommes dans le ciel d'Egypte. On ne pouvait pas m'infliger une punition plus sévère. J'avais la chance d'être de passage dans l'armée régulière, il y avait une guerre où les parachutistes étaient utilisés pour la première fois à leur vraie valeur, et moi j'étais infirme. Dire que j'avais préparé l'opération dans les moindres détails !

Le 1ᵉʳ REP avait débarqué.

Mon régiment, lui, était resté à Chypre et se morfondait là-bas. Ce fut ma seule consolation.

Alger

Je revins à Chebli, dans la Mitidja, où se trouvait maintenant la base arrière du régiment placée sous les ordres du commandant Lafargue, un joyeux camarade que l'on avait surnommé Pétanque. Il était un peu plus âgé que moi. Nous étions ensemble à Saint-Maixent.

Je fus logé dans une villa que Robert Martel avait prêtée au colonel Mayer.

Martel, pied-noir, partisan résolu de l'Algérie française, était un notable très connu et très influent en Algérie. Il avait également prêté des fermes pour héberger le reste de nos effectifs.

Il ne se passait pas grand-chose à Chebli où je ne connaissais personne. Lafargue avait de bonnes relations avec le secteur voisin qui était tenu par un régiment de l'arme blindée, le 3ᵉ régiment de chasseurs d'Afrique du colonel Argoud. Là-bas, au moins, il y avait de l'action. Les cavaliers du 3ᵉ RCA se battaient comme des lions dans la montagne voisine, sur les contreforts de l'Atlas blidéen. Mais nous n'avions pas les moyens d'y aller puisque nous n'étions qu'une centaine, nouvellement affectés ou convalescents.

Je venais d'être nommé commandant et, de ce fait, je ne pouvais plus exercer les fonctions d'officier de renseignements. J'étais désormais chef d'état-major du régiment [1]. Lafargue m'enviait. Il me disait qu'en faisant du zèle j'aurais au plus une heure de travail par jour. Mais les sinécures ne me convenaient pas et je m'ennuyais ferme. Alors, je pris le temps d'observer les événements.

La situation s'était considérablement dégradée pendant mon absence. Plusieurs dizaines d'attentats avaient lieu chaque jour, particulièrement à Alger où le FLN avait décidé de développer son action. C'était une ville majoritairement peuplée de pieds-noirs qu'il fallait désespérer jusqu'à les mettre en fuite. La zone autonome, une organisation à la fois militaire et politique, fut mise en place par le FLN pour quadriller les quartiers musulmans d'Alger et notamment la Casbah, vieille cité dont les ruelles étroites, les dédales, les maisons formées de cours intérieures et de terrasses, offraient aux rebelles une citadelle imprenable. Cette zone autonome s'attacha à multiplier les actes terroristes de telle sorte que le gouvernement soit rapidement conduit à une impasse.

Alger connaissait ainsi trois ou quatre attentats quotidiens, visant en priorité des cibles civiles et dont la fréquence tendait à se précipiter.

---

1. L'officier occupant ce poste est un proche du colonel qu'il aide dans l'administration et la vie courante de l'unité.

La zone autonome d'Alger et de sa banlieue était dirigée par un homme de trente-trois ans, Larbi Ben M'Hidi, né dans une famille de fermiers fortunés, qui avait fait des études de théâtre avant de se lancer dans l'action clandestine. Il s'était mis en tête de pousser le terrorisme à un point tellement critique que la France serait contrainte d'abandonner l'Algérie. Il s'attendait également à une riposte d'autant plus sévère des autorités françaises que les attentats devenaient de plus en plus spectaculaires. Le 30 septembre, des bombes avaient éclaté au Milk Bar et à la Cafétéria, des endroits fréquentés par les jeunes Algérois : on avait dénombré quatre morts, cinquante-deux blessés, souvent mutilés.

Ben M'Hidi était secondé par un boulanger de la Casbah de vingt-huit ans, Yacef Saadi, et par le redoutable Ali la Pointe. Je ne savais pas le rôle que j'allais jouer dans le destin de ces hommes et j'ignorais encore leur nom.

Pendant le mois de novembre 1956, la terreur régna à Alger. Ainsi, dans l'après-midi du 13, trois bombes furent lancées par des agents du FLN, l'une dans un autobus à la gare d'Hussein-Bey (trente-six victimes), l'autre dans un grand magasin (neuf blessés graves), la troisième dans une gare.

Le lendemain, un employé de l'Électricité-Gaz d'Algérie, par ailleurs militant du PCA, Fernand Iveton, fut arrêté alors qu'il avait dissimulé une bombe à retardement amorcée dans son vestiaire de l'usine à gaz. C'est un ouvrier qui, entendant le « tic-tac » de la minuterie, avait donné l'alerte. De rapides investigations policières permirent d'établir qu'Iveton avait préparé un second engin. Heureusement, le mécanisme de mise à feu de l'autre bombe avait été mal réglé, et elle fut récupérée intacte quelques heures plus tard derrière le commissariat central. Le 28, trois nouvelles bombes explosèrent en plein Alger. Ces engins, placés le même jour à la même heure, supposaient une importante organisation. Du chef de la zone autonome aux poseurs ou poseuses de bombes, il fallait une structure et un réseau de complicités (informateurs, fournisseurs d'explosifs, artificiers, logements, etc.) mobilisant des milliers de militants.

Un mois plus tard, la veille de Noël, une bombe placée dans un car scolaire tua ou mutila des enfants. Cependant, l'assassinat d'Aït Ali, président du Conseil général d'Alger, et plus encore celui d'Amédée Froger, maire de Boufarik et président de la Fédération des maires d'Algérie, par Ali Amar, dit Ali la Pointe [2], frappèrent davantage les esprits. Le 30 décembre, lors des obsèques de Froger, un cortège d'au moins vingt mille personnes se forma à Alger. Une partie d'entre elles se livra à des exactions meurtrières contre les musulmans.

C'est dans ce climat de psychose que mon régiment rentra de Chypre à la fin décembre 1956. Mes anciens adjoints étaient revenus, sauf Issolah, qui avait été envoyé à l'école d'officiers, et Soutiras. En renfort, arrivèrent l'instituteur Zamid, un appelé tunisien, et l'ex-fellagha Babaye. Ils étaient maintenant à la dispo-

---

2. Surnom donné à Ali Amar en raison du fait qu'il habitait Pointe-Pescade.

sition de l'OR qui m'avait succédé, le capitaine Assémat. Il n'arrivait pas à se faire accepter, car on lui reprochait d'être resté instructeur à l'école de cavalerie du Maroc au lieu d'être allé se faire tuer comme tout le monde en Indochine.

Je restai à Chebli jusqu'au début de l'année 1957. J'espérais que le régiment allait bientôt repartir en opérations mais rien n'était prévu dans l'immédiat. Apparemment, le FLN se méfiait des réactions possibles de l'armée française à la suite de l'opération de Suez. Chez nous, la déception l'emportait parce que cette expédition fort bien entamée avait avorté pour des raisons politiques et diplomatiques. Il nous tardait d'avoir l'occasion de prendre une revanche.

Le 7 janvier 1957, Prosper reçut un appel téléphonique du colonel Godard, le numéro deux de la 10e division parachutiste :
— Massu vient d'être investi de fonctions d'une importance exceptionnelle. Il devient superpréfet de la ville d'Alger et du nord du département. Il va s'installer à la préfecture. Il a besoin de constituer un état-major. Envoie-nous deux de tes officiers.
— Pour quelles fonctions ?
— Les fonctions ne sont pas définies, il s'agit de maintenir l'ordre et de protéger la population contre le terrorisme du FLN.
Ainsi le ministre résidant Robert Lacoste avait-il confié ses pouvoirs de police à Massu et à sa 10e division parachutiste, avec la mission d' «extirper le terrorisme du Grand Alger».

Mayer me fit appeler, m'informa de la conversation qu'il venait d'avoir avec Godard et me demanda de réfléchir à deux noms que je lui proposerais. Après les mois passés à Philippeville, et compte tenu du tour que prenait la situation à Alger, j'imaginais sans difficulté la nature de la mission qu'on avait confiée à Massu. Comme on ne pouvait éradiquer le terrorisme urbain par les voies policières et judiciaires ordinaires, on demandait aux parachutistes de se substituer tant aux policiers qu'aux juges. S'ils objectaient que ce n'est pas là un métier de soldat, on leur répondrait que, les rebelles ayant décidé de faire la guerre en ville par la terreur, les militaires ne faisaient que remplir leur mission en les combattant. Le terroriste urbain et le fellagha du djebel n'étaient qu'un seul et même adversaire. Je devinais ce raisonnement mais pour rien au monde je n'aurais voulu tremper à nouveau là-dedans, car, à l'évidence, nous allions devoir nous salir les mains.

Désigner deux officiers pour l'état-major de Massu, ce n'était pas leur faire un cadeau, mais les envoyer directement traquer cinq mille terroristes mêlés à la population, avec tous les risques de dérapage que cela supposait. Au bout du compte, les intéressés ne pouvaient espérer, en guise de remerciements, que le désaveu de leur hiérarchie et le mépris général.

— Je crois que je n'aurai pas besoin de réfléchir. Les deux noms sont tout trouvés, fis-je avec un sourire.

Je connaissais en effet une paire de lieutenants, presque homonymes, qui me semblait faire l'affaire : Charbonnier et Arbonnier. Quelques mois plus tôt, tous deux avaient demandé à quitter le régiment. On se doute que, de ce fait, ils étaient mal vus.

Charbonnier, un ancien EOR [3], trouvait que l'avancement et les décorations étaient trop rares au 1er RCP. Il avait bien essayé d'intégrer l'ALAT, sans succès, et on venait de le renvoyer chez nous. En raison de sa démarche, il avait été pris en grippe par ses supérieurs, le capitaine Bizard et le commandant Masselot, dit Botéla. L'envoyer faire du maintien de l'ordre, c'était lui jouer une très vilaine farce car rien ne pouvait être plus contraire à ses espérances. Arbonnier, lui, un ancien sous-officier qui se trouvait affecté à la 4e compagnie, serait ravi de s'échapper, puisqu'il le demandait.

Les deux lieutenants ne comprirent pas où ils allaient mettre les pieds et s'estimèrent heureux de quitter le régiment.

Quelques heures plus tard, Godard rappela. La situation avait évolué. Non seulement Massu voulait deux officiers subalternes, mais voilà qu'il exigeait maintenant un officier supérieur pour lui servir d'adjoint dans le cadre d'un état-major parallèle qu'il mettait également en place. Le problème était que cet officier, c'était moi.

— Massu veut que vous le rejoigniez, me dit Mayer d'un air penaud. C'est Godard qui vient de me le dire.

— Mais pourquoi moi, bordel de Dieu ?

— À cause de Philippeville. Massu a été épaté par le travail que vous avez fait là-bas.

— Vous auriez mieux fait de ne rien lui dire. Vous m'avez mis dans la merde. Godard se défile et il me joue le pire des tours.

---

3. Élève-officier de réserve.

— Si je n'avais rien dit à Massu pour Philippeville, il l'aurait su quand même. Et puis arrêtez de m'engueuler ! Les ordres viennent peut-être de plus haut. D'ailleurs, cette mission, ce n'est peut-être pas si mal...

— Pas si mal ? Vous voulez rire ? Vous savez ce qu'on va me demander ? On va me demander de faire tout le sale boulot. Philippeville en pire ! Je ne suis pas né pour nettoyer la Casbah.

— Parce que vous pensez que nous n'allons pas être tous mobilisés ? Godard et l'état-major se défilent. Mais les régiments de la 10ᵉ DP, vous pensez qu'on ne va pas tous les envoyer au charbon ?

— De toute façon je m'en fous. Je n'irai pas ! Je refuse !

— Alors on fait quoi ?

— Envoyez-y donc Pétanque ! Ils se ressemblent, avec Massu. Deux grandes gueules : ils sont faits pour s'entendre. Dites ce que vous voulez à Massu, à Godard, à qui vous voudrez, mais moi je reste ici.

En me voyant dans cet état, Mayer a pris peur. Il a appelé Lafargue qui a accepté de me remplacer. Alors, Prosper a décroché son téléphone pour essayer de convaincre Massu. Mais le général s'est énervé. Il n'était pas du genre à être contrarié trop longtemps, ni à être roulé dans la farine par un subalterne :

— Écoutez, Mayer, ça suffit maintenant ! Vous m'envoyez Aussaresses. Et plus vite que ça ! Compris ?

— Et s'il ne veut pas, mon général ?

— S'il ne veut pas, c'est le même prix.

Indépendamment de l'état-major préfectoral qu'il était en train de constituer à raison de deux officiers par régiment de la 10e DP, soit une dizaine au total, Massu avait donc jugé utile la création d'un état-major parallèle. Parallèle, pour ne pas dire secret. Cette équipe devait être composée de deux adjoints de confiance. Le premier était déjà nommé. C'était une vieille connaissance : le lieutenant-colonel Roger Trinquier, un homme des services spéciaux. Trinquier était le frère d'armes de Massu, son conseiller privilégié, son confident. Il allait être plus particulièrement chargé de l'élaboration d'un plan de contre-subversion et du contrôle des populations.

Trinquier et Massu étaient très proches. Ils avaient été nommés sous-lieutenant le même jour, l'un sortant de Saint-Cyr et l'autre de Saint-Maixent. Trinquier était originaire des Basses-Alpes et serait devenu instituteur s'il n'avait découvert sa vocation pendant son service, effectué en qualité d'EOR. Il avait l'esprit vif et curieux, et faisait preuve de beaucoup d'imagination dans ses initiatives. Après un passage dans une unité coloniale où le service était ingrat, il avait fait un séjour à la garnison française de Shangai. L'Asie le passionnait. À la fin de la guerre, il s'était battu en Indochine, dans l'un des premiers bataillons de parachutistes coloniaux. Puis il avait pris avec succès la tête du GCMA, le Groupement de combat mixte aéroporté. Cette unité des forces spéciales était dans la mouvance du SDECE. Sa mission était d'opérer à l'intérieur des lignes du Viêt-minh et de recueillir les informations nécessaires aux opérations aéroportées.

Trinquier avait une faculté d'adaptation hors du commun. Bref, il avait tout pour réussir dans les situations les plus extravagantes. En Algérie, il avait été nommé chef de la base aéroportée de l'Afrique française du Nord, un organisme indépendant installé sur la base aérienne de Blida, chargé des transports et des parachutages avec des missions d'instruction et d'opérations. Cette base supervisait les écoles de saut.

Il se trouvait que je connaissais bien Trinquier, car je l'avais rencontré en Indochine. Après la dissolution de mon bataillon, j'avais en effet été un des premiers à être affectés au GCMA.

Massu avait besoin de deux adjoints. Trinquier pour le renseignement et un autre pour l'action. Le deuxième adjoint devait entretenir un contact permanent avec les services de police, les commandants des régiments et les OR de ces régiments. Massu m'avait donc choisi pour ce poste, solution judicieuse vu le nombre de gens que je connaissais maintenant. À supposer que l'ordre ne soit pas venu de plus haut, c'était sûrement Godard qui lui avait mis cette idée dans la tête. Et pas par bienveillance. Godard ne voulait pas s'impliquer dans les fonctions préfectorales dont Massu venait d'être chargé et il désapprouvait ouvertement la participation de la division au maintien de l'ordre à Alger. Pour lui, la 10e DP devait rester prête pour toute intervention extérieure, conformément à sa vocation. Ce qui supposait de garder intact l'état-major de la division, installée à Hydra, dans la banlieue ouest d'Alger. En conséquence, Massu se retrouvait seul.

On se connaissait bien, avec Godard, et on ne s'appréciait guère depuis qu'il m'avait succédé en 1948 à la tête du 11e Choc que j'avais créé de toutes pièces. Je pourrais même dire qu'il avait intrigué pour me succéder. Cette succession s'était très mal passée. Il voulait me garder comme commandant en second et me promettait une rapide promotion. Mais on ne peut pas être vicaire dans la paroisse où l'on a été curé. Telle fut à peu près ma réponse. En arrivant à Montlouis, en 1946, j'avais réuni trente-cinq anciens des troupes de choc des Forces françaises libres : en apparence, rien que des hurluberlus. Deux ans plus tard, j'avais laissé à Godard une unité d'élite de huit cent cinquante moines-soldats.

Mais son style de militaire caricatural n'était pas du tout le mien. Aussi quatre officiers du service 29 [4] qui étaient prêtés au bataillon et qui regrettaient l'esprit que j'avais insufflé à Bagheera [5] — un mélange subtil d'anarchie et de rigueur, de bohème et d'ascèse — avaient-ils claqué la porte à l'arrivée de ce nouveau chef qui ne comprenait pas, par exemple, qu'un ancien des services spéciaux de Sa Majesté ait gardé la coquetterie de se mettre au garde-à-vous à l'anglaise, poings serrés, ni qu'un autre débarque dans la citadelle de Vauban en pétaradant sur une Harley Davidson, drapé dans un sarong laotien, avec une jolie passagère derrière lui. Moi, je tolérais ce grain de folie. Il se peut même que je l'aie encouragé. Voilà sans doute pourquoi on m'a toujours considéré comme un original. Pour les plus bornés, je n'étais qu'un intellectuel, c'est-à-dire un pédéraste, un communiste et un antimilitariste.

---

4. Bichelot, Chaunien, Pioche et Maloubier.
5. La panthère de Kipling était notre totem.

Je n'ai pas pu dire non à Massu. Ou j'acceptais ou je quittais l'armée. Quitter l'armée, c'était quitter les services spéciaux ; c'était renoncer à un idéal, c'était trahir. Alors, je suis monté dans ma Jeep et, à contre-cœur, je suis parti pour Alger.

La mission

Trinquier et moi, nous avons donc été nommés presque en même temps. Massu nous avait choisis pour notre esprit militaire sans faille et notre respect absolu de la discipline, ce qui était paradoxal parce que nous étions l'un et l'autre aussi peu conformistes qu'il était possible et faisions montre d'une très grande indépendance d'esprit. Mais Massu savait que nous ne le trahirions pas. C'était le plus important et il avait raison. Par ailleurs, Trinquier et moi nous nous sommes toujours parfaitement bien entendus.

Je me suis présenté devant Massu le 8 janvier, la mort dans l'âme. Je me demandais vraiment ce qui m'arrivait. De toute évidence, ma carrière militaire était fichue, mais je m'étais résigné.

Massu avait cinquante ans. Il en imposait par sa haute stature et par une personnalité hors du commun. C'était un très grand capitaine. Il le savait et pouvait se permettre d'être désinvolte.

95

À sa sortie de Saint-Cyr, il avait été affecté au Maroc où il avait participé à la guerre du Rif, dans les combats du djebel Sarho. Puis il avait fait la campagne de France avec la division Leclerc. En Indochine, il avait été amené à reprendre Hanoi, le 19 décembre 1946, avec une telle énergie qu'il avait été rappelé en métropole à la demande de Bao Daï. Il avait fait nettoyer la ville au mortier et, que je sache, il n'y avait pas eu de prisonniers.

Massu était énergique et sans complaisance. Lorsqu'il a repris la 10e DP, on pouvait se douter qu'il saurait utiliser la manière forte si cela s'avérait nécessaire.

Nos rapports devaient être courtois mais nous ne fûmes jamais intimes. Nous aurions pu l'être davantage si je lui avais dit que son épouse m'avait rencontré lorsque j'étais tout enfant.

Mon père, sous-préfet, sergent pendant la Première Guerre mondiale, avait en effet eu sous ses ordres un soldat du nom d'Henri Torrès qui s'était mis en tête de casser la figure à son lieutenant. Le sergent l'en avait amicalement dissuadé. Quelque temps après, Torrès avait perdu son père. François Aussaresses lui avait donné une permission et lui avait même avancé de l'argent pour se rendre aux obsèques.

Le sergent et le poilu s'étaient ensuite retrouvés à Paris. Mon père était devenu chef de cabinet du ministre des PTT et Torrès un ténor du barreau.

Ils ont recommencé à se voir. Un jour, Torrès est venu chez nous pour présenter sa future épouse, Suzanne Rosambert.

Lorsque la guerre a été déclarée, Suzanne et Henri Torrès, qui étaient juifs, durent partir pour les États-

Unis. Mme Torrès s'engagea bientôt dans les Forces françaises libres et devint commandant. À ce titre, elle s'occupa des femmes de la division Leclerc, celles qu'on appelait les Rochambelles. Elle, on l'appelait Toto. Après son divorce, elle rencontra Massu à Saigon. Maintenant, c'était la femme de mon patron.

Une fois entré dans le bureau de Massu, comme je n'avais rien à perdre, je n'ai pas mâché mes mots :

— Mon général, je préfère vous dire que je n'étais pas volontaire pour ce poste. Pas du tout volontaire !

— Je le sais bien, mon vieux, fit-il avec un petit sourire. Ça prouve au moins que vous avez compris ce qu'on attend de vous et c'est mieux comme ça : nous allons gagner du temps et le temps presse. Sachez simplement que vous êtes l'homme de la situation. C'est pour ça que vous avez été choisi. Aujourd'hui, le FLN tient Alger et nous le fait savoir tous les jours. Il le fait savoir au monde entier. Non seulement le FLN tient Alger, mais ses principaux chefs y sont installés. Tout le monde le sait. Aujourd'hui, Aussaresses, nous allons les liquider, très vite et par tous les moyens : ordre du gouvernement. Puisque vous n'étiez pas volontaire, vous savez que ce n'est pas un travail d'enfant de chœur.

Massu m'a fait monter dans sa 403. Nous avons traversé Alger à toute allure. C'était une ville magnifique et animée. Avec son agglomération, elle comptait presque un million d'habitants. La situation démographique y était exactement l'inverse de ce qu'elle était en Algérie, puisque les musulmans y étaient minoritaires par rapport aux pieds-noirs.

Quand nous sommes arrivés à la préfecture, le général m'a montré un bureau qui venait d'être mis à ma disposition, tout près du sien. Pour me donner une couverture administrative, il a fait taper une note de service laconique et vague où il était simplement indiqué que le commandant Aussaresses était chargé des relations entre le général Massu et les services de police et de justice. Cela voulait dire en clair que je devais avoir d'assez bonnes relations avec les policiers pour pouvoir les utiliser et faire en sorte que nous n'ayons jamais affaire à la Justice.

Ensuite, il me prit à part et me dit à voix basse :

— Aussaresses, il faut tout de même que vous sachiez quelque chose que personne ne sait, à part vous et moi. Je viens de recevoir la visite des pieds-noirs les plus influents de la société algérienne et algéroise. Ce sont des gens très décidés. Ils m'ont dit qu'ils avaient l'intention de se substituer aux forces de l'ordre si elles continuaient à se montrer incapables de faire face à la situation. Ils veulent commencer par une action spectaculaire. Pour eux, l'axe géographique de l'organisation du FLN, c'est la Casbah. Ils n'ont pas tort. La Casbah est en pente. Au sommet, il y a une large avenue. Ils projettent d'y rassembler un convoi de camions de combustible. Le camion de tête s'arrêtera et le convoi se resserrera. À ce moment, ils ouvriront les vannes des citernes. Quand le combustible aura inondé la Casbah, ils y mettront le feu. D'après les estimations que j'ai pu faire, il y aurait soixante-dix mille morts. Ceux qui m'ont dit ça ont les moyens de leur politique, croyez-moi. Cette résolution des pieds-noirs m'oblige à la plus grande fermeté, vous comprenez. Ils ne plaisantent pas. Ce sera très dur, Aussaresses, et nous devrons être impitoyables.

Impitoyables, ça voulait dire torture et exécutions sommaires. Je baissai la tête, vaincu :

— Je comprends, mon général.

— Nous sommes menacés par une grève insurrectionnelle qui est prévue pour le lundi 28 janvier.

— Pourquoi cette date ?

— Parce que, le même jour, il y a une assemblée générale à l'ONU. Une délégation du FLN doit y assister pour essayer de provoquer un débat sur la question algérienne. Naturellement, la France va plaider l'incompétence de l'ONU. Mais cette grève insurrectionnelle est une manière de démontrer la représentativité du FLN.

— Et que dois-je faire ?

— Briser la grève. Vous avez moins de vingt jours.

— Et comment voulez-vous que je m'y prenne ?

— Procédez à des arrestations. Interpellez tous les meneurs.

— Mais comment savoir qui je dois arrêter ? Monter un réseau de renseignements, cela prend des mois !

— Servez-vous du fichier de la police.

— Quel service ?

— À vous de le découvrir. Tout ce que je sais, c'est que la police a un fichier secret et que ce fichier vous sera utile dans votre mission.

— Et vous croyez qu'ils seront disposés à me le confier ?

— Débrouillez-vous, c'est votre travail maintenant.

En évoquant la perspective d'une nouvelle Saint-Barthélemy menée par les pieds-noirs, Massu avait vaincu mes dernières réticences et je pris le parti de l'aider de mon mieux, quelles qu'en soient les conséquences.

J'allais sortir du bureau lorsqu'il me rappela :

— Ah oui, j'allais oublier : il existe un journal anti-militariste clandestin intitulé *La Voix du soldat*. Paris apprécierait que l'on découvre qui est à l'initiative de cette publication et Paris apprécierait également que ce torchon cesse de paraître. Définitivement. Vu ?

— Vu, mon général.

Il ne m'avait pas parlé de la durée de cette mission. Mon affectation était un détachement, une situation provisoire qui ne devait pas excéder six mois. Je pensais que tout serait réglé bien avant. C'était une affaire de quelques semaines, tout au plus.

La toile que j'avais patiemment tissée à Philippeville ne me servait plus à rien dans cette grande ville. Je n'avais qu'un seul contact dans la police : le commissaire Arnassan. L'ancien chef des RG de Philippeville venait en effet d'être nommé à Alger. Lui saurait me recommander à ses collègues.

Je réfléchis rapidement à ceux qui pourraient m'aider en dehors de la police. Le chef de la sécurité militaire, sans doute, et aussi le correspondant des services spéciaux.

J'étais toujours en contact avec les réservistes du Service et plus d'une fois nous nous étions aidés mutuellement. J'avais même rencontré Morlanne à Alger, en compagnie du colonel Germain [1], un des agents qu'il

---

1. Le colonel Germain, officiellement professeur d'histoire, avait été envoyé par le SDECE en juin 1955. Il était chargé d'organiser à partir d'Al-

venait d'y installer. D'ailleurs, les gens de la « crémerie » grenouillaient désormais du côté d'Alger, depuis que le général Lorillot avait poussé un coup de gueule parce qu'il ne comprenait pas que les services spéciaux ne soient pas engagés en Algérie.

On avait délégué le 11ᵉ Choc sous forme d'un groupement de choc placé sous les ordres du colonel Decorse que je connaissais bien pour avoir travaillé avec lui en Indochine. La plupart des cadres de ce groupement étaient d'ailleurs passés par le centre d'instruction des chargés de mission que j'avais dirigé. Mais le 11ᵉ Choc n'intervenait que ponctuellement, pour fabriquer des valises piégées destinées aux fellaghas ou pour encadrer des éléments du MNA, le mouvement nationaliste algérien créé par Messali Hadj dont le FLN n'aura cesse de liquider les derniers fidèles.

Morlanne avait également tenté de mettre en place un Service Action Méditerranée à partir de Tanger, animé par le truand Jo Attia, ancien lieutenant de Pierrot le Fou dans le gang des tractions. Mais Jo Attia, dont l'officier traitant était Bob Maloubier, n'avait pas été très convaincant. Les quelques missions dont il avait été chargé, principalement au Maroc, avaient échoué et plus tard, l'affaire se termina par un scandaleux fiasco [2].

---

ger une mission visant à éliminer les chefs du FLN en dehors du territoire algérien. C'est dans le cadre de cette mission qu'il avait réussi, avec l'accord du gouvernement, à faire arrêter Ben Bella dont le DC3, en provenance de Rabat, fut détourné sur Alger le 22 octobre 1956. Germain fut désavoué à la suite de cette mission et retourna à l'enseignement.

2. Jo Attia perdit la tête et décida de revenir en France où il était interdit de séjour. Lorsqu'il fut amené devant le juge, il lui demanda de composer NOR 00 90, le numéro du standard du SDECE, et de demander M. Lefort

En tout cas, même sans en prendre vraiment conscience, j'étais devenu l'homme des services spéciaux de la bataille d'Alger.

(Didier Faure-Beaulieu). L'affaire monta jusqu'au niveau du garde des Sceaux qui interpella Boursicaud, le directeur général du SDECE, au Conseil des ministres. Boursicaud songea à dissoudre le Service Action. Finalement, il se contenta de limoger Morlanne qui fut remplacé par le colonel Roussillat. Bob Maloubier fut prié d'aller soigner ses anciennes blessures en Suisse et d'oublier le SDECE.

La préfecture

Massu me donna un adjoint sympathique et débrouillard, le lieutenant Gérard Garcet. Cet officier était jusque-là son aide de camp, mais il venait de tomber en disgrâce à cause d'une histoire de crevettes avariées oubliées dans un réfrigérateur. Quelques jours plus tôt en effet, Massu, qui revenait d'Égypte, avait voulu se détendre en allant à la pêche. Il avait expédié son aide de camp chercher des crevettes pour préparer les appâts. Pendant que Garcet était parti s'acquitter de cette corvée, Massu avait été appelé par le général Salan qui lui avait annoncé sa nouvelle mission et l'avait envoyé chez le ministre résidant Lacoste. À son retour chez Massu, l'aide de camp, qui avait eu le plus grand mal à se procurer ses appâts et qui se réjouissait de partir à la pêche, trouva la maison vide. Force était de constater que le général avait disparu et que la partie de pêche était annulée sans qu'on ait pris la peine de le prévenir de quoi que ce soit. Dégoûté, Garcet se débarrassa des appâts en les camouflant au fond du réfrigérateur. Comme on s'en doute, jour après jour, les repas de la famille Massu prirent un goût de plus en plus bizarre. Jacques Massu avait le palais et le nez beaucoup plus exercés que son épouse.

— Mais enfin, Suzanne, vous ne trouvez pas que cette viande a un goût étrange ? Les légumes aussi, d'ailleurs.

— Jacques, vous êtes vraiment très difficile. Vous avez peut-être peur qu'on vous empoisonne ?

Le général, n'en pouvant plus, s'était précipité à la cuisine et, au flair, avait fini par se rapprocher du réfrigérateur, découvrant ainsi le forfait de l'aide de camp félon.

Garcet avait reçu un formidable savon et s'était vengé en subtilisant une caisse d'excellent scotch qu'il avait rapportée d'Égypte pour ce patron « ingrat » mais vénéré. Du coup, la caisse se retrouva dans notre bureau et, les nuits les plus dures, elle nous servit à tenir le coup.

Il fallait que je commence des visites protocolaires. Certaines devaient être faites avec Massu.

La première nous conduisit chez le préfet de région Serge Baret, qui se montra aimable et coopératif.

Puis, nous sommes allés chez le secrétaire général de la préfecture, Paul Teitgen, auquel revenaient depuis quatre mois les pouvoirs de police de la préfecture d'Alger. Teitgen était connu de Massu et de tous les parachutistes comme l'homme qui avait fait expulser d'Algérie le général Faure [1].

---

1. Le général Faure devait revenir en Algérie. Mais après les barricades, en janvier 1960, il fera partie des « suspects » de l'Algérie française et sera muté en métropole.

Faure était un patriote mais, pendant la guerre, il avait refusé de se rallier à de Gaulle. Plus original : il était même passé à Londres pour le lui dire. Vichy, constatant l'attitude viscéralement antiallemande de cet officier inclassable, l'avait envoyé au Maroc où il était devenu directeur de la jeunesse.

Après le débarquement allié de 1942, il avait participé à la création du 1er RCP à partir des unités d'infanterie de l'air[2]. En Algérie, il avait exercé un commandement dans les troupes alpines.

Faure estimait que la politique militaire française contre la rébellion manquait de vigueur, et il ne faisait pas mystère de son point de vue. Paul Teitgen, informé de cette position, s'était arrangé pour installer un magnétophone dans son bureau. Il avait invité Faure et l'avait poussé à parler après avoir discrètement mis en route l'enregistrement.

Les bandes étaient inaudibles mais Teitgen en reconstitua la teneur et les envoya à Paris en demandant que le général Faure fût rappelé, mis aux arrêts de rigueur et destitué de son commandement sous prétexte d'un « complot ». Ce qu'il obtint. L'épisode avait fait le tour des garnisons. Aussi Teitgen s'était-il attiré le mépris de toute la région militaire qui n'appréciait guère qu'un membre du corps préfectoral usât de procédés de basse police à l'encontre d'un officier.

Nous nous sommes installés devant le bureau de Teitgen, qui n'était pas encore arrivé. Massu me mon-

---

2. La légende veut que la haine de De Gaulle pour Faure ait rejailli sur le 1er RCP au point que ce régiment n'ait jamais participé à aucune opération parachutée.

tra le meuble qui avait dissimulé l'enregistreur et me chuchota malicieusement :

— Voyez, c'est ça le bureau du magnétophone, alors gare à ce que vous dites !

L'entretien avec le secrétaire général fut courtois mais sans chaleur. Teitgen ne s'est pas douté un seul instant de la nature réelle de ma mission. Nous nous sommes accordés sur la conduite à tenir pour les arrestations. Il était évident que la Justice allait être submergée. À l'égard des gens que nous allions interpeller, la préfecture prendrait une mesure administrative d'exception : l'assignation à résidence, sous forme d'arrêtés préfectoraux que Teitgen signerait et qui légaliseraient notre action.

Comme nous nous attendions à beaucoup d'arrestations, les prisons ne suffiraient pas. Il fut décidé que l'on installerait un camp « de triage » dans une ancienne école de la banlieue d'Alger, au lieu-dit Beni-Messous. De là, les assignés à résidence seraient répartis dans d'autres camps aménagés au sud. Le plus connu était situé dans le village de Paul-Cazelles [3].

Pour gérer le camp de Beni-Messous, Teitgen désigna un ancien avocat devenu commissaire de police, Charles Ceccaldi-Raynaud [4], secondé par l'officier de police Devichi. Massu, qui se méfiait de Teitgen, décida que le camp serait gardé par des soldats et désigna un bataillon du génie composé d'appelés.

Le général m'emmena ensuite à une réunion à laquelle assistaient les commandants des régiments et

---

3. Depuis, Aïn Oussera.
4. Devenu sénateur-maire de Puteaux.

les commandants de secteur, dont le général de Bollardière et le colonel Argoud. Massu harangua longuement ses lieutenants :

— Messieurs, vous ferez en sorte de reprendre les nuits d'Alger au FLN. Vous instaurerez tout d'abord un couvre-feu et vous ferez tirer sans sommations sur tous ceux qui ne le respecteront pas. Je compte sur vous pour être opérationnels vingt-quatre heures sur vingt-quatre.

Alors Argoud se dressa face à Massu :

— Non, mon général. Seulement vingt-trois heures quarante-cinq. Je vous demande juste un quart d'heure pour roupiller.

Les officiers éclatèrent de rire.

Je n'ai jamais revu Bollardière à ces réunions, puisque bientôt il devait prendre ses distances par rapport aux méthodes utilisées par la 10ᵉ DP à Alger et faire des déclarations hostiles à l'utilisation de la torture [5]. Je ne suis pas sûr que ce problème ait été la seule raison de la soudaine hostilité de Bollardière à l'égard de Massu. Je le connaissais bien, « Bolo », puisqu'en Indochine, en 1951, j'avais été son second à la demi-brigade coloniale de Cochinchine. On disait qu'entre lui et Massu existait une rivalité personnelle qui remontait à la prise d'Hanoi, en 1946.

Le jour même, je me rendis chez le commissaire Arnassan qui me confirma l'existence du mystérieux

---

5. C'est en mars 1957 que Bollardière devait demander à être relevé de son commandement. Outre un contentieux personnel, Bollardière avait mal admis que Massu lui reproche un manque de résultats dans la lutte contre le FLN.

fichier dont m'avait parlé le général. Il comprenait près de deux mille noms de responsables du FLN pour Alger et l'Algérois. Les RG l'avaient constitué avec les moyens dont ils disposaient, ce qui empêchait son exploitation. Arnassan mit aimablement les fiches à ma disposition, afin que je les fasse aussitôt recopier par les officiers de l'état-major préfectoral. C'était un outil indispensable pour commencer à travailler. Au fur et à mesure des arrestations et des interrogatoires, ce fichier s'est complété. Arnassan me recommanda, par ailleurs, auprès de tous ses collègues, et notamment auprès du commissaire Parat qui dirigeait la PJ.

Je repris mes visites, avec le même zèle que celui de mon arrivée à Philippeville, deux ans auparavant. Beaucoup de mes interlocuteurs profitaient de mon passage pour s'enquérir de l'importance réelle de Massu. Car la position du général-superpréfet était ambiguë et ses fonctions, inhabituelles, gardaient une part de mystère.

— Mais à quel niveau exactement situez-vous votre général ?

— Au plus haut.

— Oui, mais encore ? Quel serait, selon vous, le niveau immédiatement supérieur au sien ?

— Le gouvernement.

— Le gouvernement général ?

— Non. Le gouvernement de la République française [6].

---

6. Le 30 janvier 1956, le socialiste Guy Mollet était devenu président du Conseil, en remplacement d'Edgar Faure, François Mitterrand avait été nommé ministre de la Justice et Maurice Bourgès-Maunoury, ancien ministre de l'Intérieur d'Edgar Faure, était devenu ministre de la Défense, assisté de Max Lejeune, secrétaire d'État. Le général Catroux, favorable à

C'était la stricte vérité. De ce fait, les fonctions de police que Massu m'avait déléguées revêtaient une importance considérable. Beaucoup de notables pieds-noirs me contactèrent. Ce « plus haut niveau » où nous étions maintenant les impressionnait et ils savaient que le PC de mon régiment à Chebli était installé dans une villa appartenant à Robert Martel, le plus influent d'entre eux. Martel lui-même vint me voir et il m'aida beaucoup. Mais je ne me contentai pas de côtoyer l'establishment algérois. Je gardai mes habitudes de Philippeville et me fis connaître auprès des commerçants, en particulier auprès des patrons de bistrot. Ce n'était pas la besogne la plus désagréable et elle me fut d'une grande utilité. Je voyais beaucoup Pietri, qui dirigeait L'Ile-de-beauté, juste en face de la préfecture. Son voisin, le coiffeur, fut aussi un précieux auxiliaire, tout comme Guillaume l'Italien, un ancien légionnaire qui portait toujours une cravate verte et qui régnait sur le Cintra, le bar sélect de l'hôtel Aletti.

Le couvre-feu décidé par Massu fut rapidement mis en place. Les patrouilles exécutèrent les ordres et tirèrent sur tout ce qui bougeait. On laissa les morts sur place. On n'avait pas le temps de s'en occuper et il fallait qu'on les voie bien. Pour être crédibles, les parachutistes devaient en effet se montrer plus redoutables que le FLN.

Des exécutions sommaires ainsi pratiquées dans les

la décolonisation, nommé ministre résidant en Algérie la veille de la formation du gouvernement Mollet, démissionna le 6 février. Mollet le remplaça par le socialiste Robert Lacoste, adepte d'une position dure face au FLN.

rues d'Alger prouvaient la détermination du gouvernement dont nous étions le bras armé. Elles frappèrent tant les esprits que, le lendemain, les dénonciations commencèrent à affluer. Les quatre régiments se montrèrent actifs dès les premières nuits. Durant celle du 15 au 16 janvier 1957, par exemple, ils ratissèrent la Casbah et plusieurs milliers de suspects furent interpellés. En plein jour, patrouilles et sentinelles protégeaient les points sensibles [7].

Quand le 1ᵉʳ RCP entra à Alger, l'administration militaire me logea chez l'habitant, dans une maison

---

7. Une de ces opérations, menée au centre d'Alger, tout près de l'état-major, fera un certain bruit au début de 1957. Un soldat, posté à l'angle d'une rue, ayant vu un musulman entrer dans une maison pour y lancer une grenade, attendit de le voir sortir et ouvrit le feu sur lui. Le terroriste fut tué. Jacques Peyrega, le doyen de la faculté de droit d'Alger, qui se trouvait dans la rue à ce moment, vit le soldat tirer sur l'homme. Avait-il vu toute la scène ou n'en avait-il vu que le dénouement ? Toujours est-il qu'il écrivit en mars une lettre au ministre de la Défense nationale Bourgès-Maunoury pour protester contre ce qu'il considérait comme une exécution sommaire. Il envoya une copie de cette lettre au *Monde* qui la publia le 5 avril. À la lecture du journal, une délégation d'étudiants de la faculté de droit vint à la préfecture pour apporter son soutien à Massu et dénoncer l'attitude du « doyen fellagha ». C'est Garcet, mon adjoint, qui les reçut. Les étudiants étaient extrêmement décidés. Ils entendaient monter une opération de représailles musclées contre Peyrega. Garcet, voyant qu'ils ne plaisantaient pas, trouva un expédient pour les calmer, de peur que l'expédition punitive ne soit menée séance tenante, toutes les conditions étant réunies pour qu'elle dégénère en lynchage. Garcet prit sur lui : quitte à donner une correction au doyen, il valait mieux utiliser une demi-douzaine de jeunes officiers habillés en civil. Munis de fausses cartes d'étudiants, ils se présenteraient au cours. L'idée eut beaucoup de succès auprès des étudiants qui proposèrent de s'occuper de fournir de fausses cartes d'accès à la faculté. Je dus soutenir l'initiative de Garcet. Mais le doyen, après la parution de son article, avait reçu des menaces. Il regagna le continent dès le 9 avril 1957 et ce projet de représailles, pourtant minutieusement préparé, ne put être mis à exécution.

très modeste. Le colonel Mayer et son épouse s'étaient installés dans une spacieuse demeure du quartier chic d'Alger, près de la villa Sésini [8]. Comme nous vivions seuls, ils proposèrent de nous héberger, Faulques et moi. Cette cohabitation de trois hommes et d'une femme fit jaser. Un capitaine du 1er REP, qui était visiblement amoureux de Monette Mayer, me fit un jour, à ce sujet, une scène risible et tout à fait injustifiée. En réalité, je passais très peu de temps dans la villa des Mayer. Dans la journée, il m'arrivait juste d'aller m'y reposer.

Garcet et moi devions organiser notre logistique. Je rendis donc visite à Godard pour obtenir une voiture. Il se fit un plaisir de me répondre que je n'avais qu'à en demander une à mon régiment.

Une Jeep avec un chauffeur me fut donc fournie par le 1er RCP. Plus tard, mon lieutenant récupéra une luxueuse conduite intérieure « héritée » d'un fellagha fortuné.

Il fallait vite constituer et former une équipe pour nous aider. Garcet repéra une vingtaine de sous-officiers confirmés venant de divers régiments, dont le mien, et affectés pour ordre à la compagnie de QG de la division. Ils attendaient d'être ventilés dans d'autres unités non parachutistes. Comme ils étaient inactifs, je demandai à Massu de me les affecter. Il accepta sous réserve que j'obtienne l'accord des intéressés.

---

8. PC du 1er régiment étranger de parachutistes dont le capitaine Faulques était l'officier de renseignements. Faulques était un rescapé miraculé du désastre de Cao Bang, en Indochine, où il avait presque été coupé en deux par une rafale de mitraillette. Il avait pu être évacué grâce à une piste d'atterrissage de fortune que j'avais fait construire.

Je les fis rassembler pour leur expliquer que s'ils acceptaient de travailler avec moi, ils auraient à mener des actions brutales, qu'ils n'avaient rien à espérer de cette mission temporaire à l'issue de laquelle, de toute manière, ils quitteraient les paras. Et tous acceptèrent de me suivre.

Parmi ces hommes, deux gradés m'étaient obligés : l'adjudant-chef Barrat et le sergent-chef Fontaine, qui avaient été mêlés à une bagarre avec des civils à Philippeville. Je leur avais évité des ennuis en intervenant auprès de Mayer. Il y avait André Orsoni, un homme d'une discrétion absolue, qui était décoré de la Légion d'honneur, ce qui est rare pour un sous-officier et suppose de retentissants exploits. Je me souviens aussi d'Averinos, un légionnaire d'origine grecque.

L'ex-fellagha Babaye, un colosse du Sud-Constantinois, vint compléter ce petit groupe. Il avait été pris dans l'Aurès par mes hommes de Philippeville, pendant que j'étais à l'hôpital. Babaye était derrière un rocher et se défendait comme un lion contre les parachutistes. Il était trop loin pour qu'on puisse le déloger à la grenade.

N'ayant plus de munitions, il sortit de sa cachette, les bras levés.

— Mais c'est un « babaye [9] » ! Qu'est-ce qu'il fout là ?

En l'interrogeant, les hommes de mon groupe de renseignements le trouvèrent sympathique. Il venait de la région de Biskra où beaucoup d'Africains étaient

---

9. Un « Noir ».

employés comme masseurs dans les établissements de bains et traités à peu près comme des esclaves.

— Pourquoi tu es avec les fels ?

— Ils ne m'ont pas demandé mon avis.

— Tu ne veux pas venir avec nous ?

— Pourquoi pas, je m'en fous.

Babaye travailla avec moi pendant toute la bataille d'Alger.

J'utilisais des correspondants. L'un d'entre eux, que j'avais infiltré au sein du FLN, servait d'agent de liaison à Yacef Saadi. C'est grâce à lui que, bien après mon départ, Yacef Saadi put être arrêté, ce qui entraîna la mort d'Ali la Pointe et la fin de la bataille d'Alger.

Certaines nuits, je m'absentais sans explications et Garcet prenait alors la direction du groupe. Aucun des hommes ne savait que je disposais d'une seconde équipe, composée notamment de Pierre Misiry, Maurice Jacquet, Yves Cuomo et Zamid l'instituteur. Le fait d'utiliser deux groupes qui ne se connaissaient pas offrait une garantie au cas où une autorité pointilleuse aurait voulu enquêter sur nos étranges activités nocturnes.

Deux mille léopards

Au départ, le système mis au point par Massu relevait de l'improvisation. Mais il fut bientôt organisé. L'exploitation du fichier d'Arnassan me permit de dresser des listes de suspects et de faire procéder à des arrestations massives. Les interrogatoires nous donnaient de nouveaux noms et mon propre fichier fut vite recoupé par d'autres informations, principalement celles de Roger Trinquier.

La passion affichée de cet officier pour l'épopée napoléonienne allait beaucoup lui servir dans cette nouvelle mission. Il disait, en effet, avoir été frappé par le fait que Napoléon, pour administrer les villes rhénanes qu'il avait conquises, avait commencé par s'occuper de la numérotation des maisons et du recensement de leurs habitants. Trinquier eut l'idée de procéder de la même manière à Alger.

Policiers, gendarmes, CRS et parfois hommes de troupe furent affectés à cette tâche dans le cadre du

Détachement de protection urbaine (DPU). Sous le contrôle des officiers affectés à l'état-major préfectoral, des listes nominatives étaient établies. On s'adressait à l'habitant le plus ancien qui donnait les noms des autres occupants de la maison. Ces informations étaient recoupées avec les déclarations des voisins. Les absents devenaient ainsi des suspects. À leur retour, ils étaient systématiquement interrogés. Les résultats obtenus, comparés avec les renseignements de mon fichier, permettaient aux patrouilles d'établir des listes fiables de gens à rechercher.

Alger et ses environs furent divisés en quatre zones, chacune confiée à l'un des régiments d'infanterie parachutiste : le 1er RCP, le 1er REP, les 2e et 3e RPC.

Mon régiment, le 1er RCP de Georges Mayer, était implanté à Maison-Carrée. Son OR était le capitaine Assémat, qui m'avait succédé.

Le 1er REP était placé sous les ordres d'Albert Brothier [1], secondé par le lieutenant-colonel Jeanpierre [2] qui lui succéda rapidement. Son OR était le capitaine Faulques, installé à la villa Sésini. Le 1er REP était le successeur du 1er bataillon étranger de parachutistes, constitué en 1948 et décimé lors de la retraite de Cao Bang, en octobre 1950.

Le 2e RPC était placé sous l'autorité du colonel

---

1. Beau-frère d'André Guelfi, dit Dédé la Sardine.
2. Jeanpierre avait été déporté pour faits de Résistance. En Indochine, je l'avais connu quand il était le second du 1er bataillon étranger de parachutistes. Nous avions participé ensemble aux combats de la route coloniale n° 4. Il trouva la mort après la bataille d'Alger dans le nord du Constantinois, lors d'un assaut.

Albert Fossey-François [3]. C'était un personnage truculent et chaleureux. Ancien étudiant en lettres, il avait travaillé dans l'édition et l'imprimerie avant d'entrer dans les services spéciaux pendant la guerre. En Indochine, il commandait l'un des trois bataillons de mon régiment. Son officier de renseignements était le lieutenant Deiber. Fossey-François avait succédé au lieutenant-colonel Château-Jobert, dit Conan, qui commandait le 2e RPC pendant l'opération de Suez. C'était un officier qui avait été formé en Angleterre, puis parachuté en France et en Hollande. En Indochine, il avait été le second de Bollardière.

Le 3e RPC, quant à lui, était commandé par le lieutenant-colonel Marcel Bigeard, assisté du capitaine Jacques Allaire comme OR. Allaire, tout comme son chef, s'était illustré à Diên Biên Phû.

Un régiment d'artillerie parachutiste, commandé par le lieutenant-colonel Perrin — qui était avec moi au Service Action —, et une unité du génie complétaient les effectifs de la division.

Il existait enfin une structure territoriale classique pour le secteur Alger-Sahel que commandait le colonel Jean Marey. Là se trouvait le 9e zouaves, commandé par le colonel Bargeot assisté, en qualité d'OR, du capitaine Sirvent qui, avec son détachement, agissait pour l'essentiel dans la Casbah, ce qui nous rendait grand service.

Il fut décidé avec le commissaire Parat qu'un policier de la PJ serait détaché auprès de chaque officier de

---

3. Fossey-François se tua après la guerre d'Algérie, à l'occasion d'un saut effectué dans un meeting parachutiste.

renseignements. Cela se fit sans difficulté car j'avais agi de sorte que policiers et militaires s'entendent à merveille. Lors des sorties, les policiers s'habillaient d'ailleurs en léopard et rien ne pouvait les distinguer de leurs camarades de la 10ᵉ division. Ces tenues léopard, qui avaient été créées spécialement pour les parachutistes d'Algérie, étaient seyantes. Nous les donnions à retoucher aux tailleurs qui rétrécissaient les pantalons trop larges pour en faire des fuseaux à la mode de cette époque. Elles faisaient des jaloux dans les autres régiments.

L'action des parachutistes devait être voyante pour démoraliser le FLN et rassurer la population. Ces tenues de camouflage, paradoxalement, y ont largement contribué.

Chaque régiment avait envoyé deux officiers à la préfecture. La population le sut très vite et les renseignements, qui avaient commencé à affluer dès les premiers jours, furent de plus en plus nombreux et précis. Il y avait une grande quantité d'informations à traiter. Nous opérions de fructueux échanges avec les policiers. En règle générale, il s'agissait de dénonciations, souvent destinées à assouvir des rancunes personnelles. Parfois, elles n'arrivaient que d'une manière indirecte.

Ainsi le premier renseignement à me parvenir fut-il transmis par Henri Damon que j'avais connu dans les services spéciaux. Jedburgh comme moi, il avait été capturé par la Milice près de Reims et torturé. Il n'avait pu que crier, comme on nous l'avait conseillé. Ses cris alertèrent son coéquipier qui liquida les miliciens. En 1946, Damon m'avait aidé à Pezoux, dans le

Loir-et-Cher, lorsque je constituais le fichier des réservistes du Service Action. Nous fûmes ensuite affectés à la Centrale : lui à la Section Politique, moi au Service Action. Ses bureaux étaient installés boulevard Suchet. Il avait découvert un trafic d'or organisé par les Soviétiques. Quelques jours après cette trouvaille, deux de ses collaborateurs avaient été tués et, tandis que lui-même montait tranquillement les escaliers de la station de métro Rue-de-la-Pompe, il s'était trouvé face à un homme qui avait soudain brandi une mitraillette et ouvert le feu. Damon était tombé à la renverse dans l'escalier, s'était replié dans la station et avait bondi dans une rame de métro providentielle. Mais les tueurs de Staline le talonnaient. Après une partie de cache-cache dans les couloirs et une poursuite dans les rames, il avait réussi à alerter son épouse d'une cabine téléphonique, en utilisant un code convenu entre eux :

— J'ai sali mon costume gris. Apporte-moi vite mon costume bleu.

Le Service avait décidé qu'il était de l'intérêt de tout le monde que Damon, même avec un nouveau costume, change d'air. C'est ainsi qu'il s'était retrouvé en Algérie.

Henri Damon avait troqué les complets vestons pour une tenue de capitaine de tirailleurs sur laquelle il avait fièrement accroché son insigne de parachutiste. Il avait été affecté à l'un de ces organismes bidons qui pullulaient à Alger. Le sien était dirigé par un colonel de la Légion.

Dès les premiers jours de la bataille, une musulmane était passée à son bureau pour dénoncer son artificier de mari. En fait, elle voulait s'en débarrasser et elle avait posé ses conditions : elle échangerait ses informations contre une garantie de veuvage. Damon avait protesté, puis il m'avait rendu visite à la préfecture. J'avais accepté le marché. L'opération fut menée avec le régiment de Bigeard, responsable du secteur.

Damon obtint bientôt un second renseignement, qui lui parvint d'une manière plus saugrenue. Le bureau auquel il était affecté utilisait, pour porter le courrier, un soldat légionnaire aussi fumiste que dévoué. Pour faire sa tournée, le garçon prenait la Jeep et s'absentait souvent plusieurs heures durant, sous prétexte d'embouteillages ou de pannes. Comme il avait la confiance du colonel, tout se passait bien.

Un jour, le légionnaire fit irruption dans le bureau de Damon, l'air bouleversé :

— Mon capitaine, il faut que vous me foutiez en taule.

— Et pourquoi donc ?

— Parce que, lorsque je vous dis que je suis retardé par des embouteillages ou par des pannes, ce sont des mensonges. En fait, je passe mon temps dans un bordel.

— C'est pour ça que vous voulez aller en taule ? fit Damon, amusé.

— Non, mais le bordel ça coûte de l'argent. Comme je suis un bon client, la maquerelle m'a dit un jour que je n'avais pas l'air très riche et qu'elle pourrait m'échanger des passes contre des grenades. Et j'ai accepté. C'est pour ça que je voudrais que vous me foutiez en taule et que vous coinciez aussi cette salope.

Damon réfléchit un instant.

— Bon. On verra plus tard, fit-il tranquillement.

Pour le moment, tu vas fermer ta gueule sur cette histoire et tu feras exactement ce que je te dirai.

— Et le bordel ?

— Tu vas continuer à y aller, comme si de rien n'était.

— Quoi ? Et les grenades ?

— Tu vas continuer à en donner à ta taulière. D'ailleurs, demain je t'en fournirai une bonne provision. De quoi tirer pas mal de coups. Et pas un mot au colonel. Compris ?

— À vos ordres, mon capitaine ! fit le légionnaire en se mettant au garde-à-vous, aussi reconnaissant qu'abasourdi.

Damon était très astucieux et il n'avait rien oublié de son entraînement britannique. Il décida, cette fois, d'exploiter le renseignement lui-même, sans prendre la peine de nous déranger. Il se précipita à la direction du matériel et demanda à s'entretenir avec le colonel qui dirigeait le service des munitions. Il lui expliqua la situation et lui demanda, sous le sceau du secret, de lui fournir des grenades.

Avec l'aide d'un adjudant-chef armurier, réquisitionné par le colonel, Damon démonta les grenades et neutralisa discrètement le dispositif qui retarde l'explosion, une fois la grenade dégoupillée et la cuiller lâchée. Il remonta les grenades après avoir dissimulé le stratagème sous une fine couche de peinture. Le FLN connaissait bien nos grenades offensives et, pour tromper ses spécialistes, il fallait vraiment être un expert. Il ne s'agissait pas de couper grossièrement l'allumeur, ce qui aurait tout de suite été remarqué. Damon n'était pas un débutant. Il avait bien fait les choses. Il avait même fait du zèle en charognant aussi quelques boîtes de cartouches. Il voulait que son légionnaire passe un bon moment. Les cartouches furent démontées. Il suffisait d'enlever d'une certaine manière la poudre propulsive pour garantir l'explosion des armes qui les tireraient. Ce genre de manipulations représentait l'ABC de notre métier.

Le lendemain, Damon convoqua le légionnaire dans son bureau, sous prétexte de lui confier un pli urgent. Il lui remit assez de grenades et de cartouches pour qu'il puisse occuper la permission de quarante-huit heures qu'il lui tendit signée.

— Il faut que tu donnes tout ça d'un coup à la maquerelle. Installe-toi carrément au bordel et passes-y le temps qu'il faudra. Surtout, pas question de faire ta distribution en plusieurs fois. Tu as bien compris ? Quand la fête sera finie, tu rentres vite et tu te tiens peinard.

— À vos ordres mon capitaine ! fit le légionnaire, ravi.

Dans les jours qui suivirent, on assista à un véritable massacre. Un type, au marché de Bab el-Oued, en plein centre d'Alger, avait sorti une des grenades de Damon pour la lancer dans la foule. L'homme fut déchiqueté par l'engin qui lui explosa au niveau du foie.

Un autre, sur une plage d'Alger, essaya de jeter une grenade de même provenance par la fenêtre ouverte d'une maison qui surplombait la plage et où était installé un petit PC : il y laissa une main.

Quant à la maquerelle, elle me fut ramenée par le régiment qui était dans le secteur et je la fis exécuter.

Parfois, le FLN essayait de se venger, mais il osait rarement attaquer des parachutistes. Il ne pouvait, de toute façon, frapper qu'à l'aveuglette : son service de renseignements n'a en effet jamais réussi à comprendre la manière dont nous opérions. Ils s'en prenaient par nécessité aux chefs d'unités dont les noms apparaissaient dans les journaux. C'est ainsi, par exemple, qu'un attentat fut monté contre Bigeard en plein centre d'Alger. Le tueur avait une description sommaire : un blond aux yeux bleus, costaud, avec cinq galons panachés sur la poitrine. Le jour où il s'approcha de sa victime, Bigeard se promenait avec Mayer. Même taille, même tenue léopard, même cheveux blonds, mêmes yeux bleus, cinq galons tous les deux. Le fellagha eut un instant d'hésitation avant de se décider à tirer sur les deux hommes. Cet instant d'hésitation fut décisif car Bigeard fumait. Comme il manquait de cigarettes et que Mayer n'en avait pas non plus, ils changèrent brusquement de direction pour entrer dans un bureau de tabac. Le tueur attendait qu'ils ressortent lorsqu'une patrouille arriva. Peu après, une autre équipe de tueurs chargée de faire le même travail cribla de balles un sergent-major [4] qui ressemblait vaguement à Bigeard.

Mais personne ne s'en prit jamais à moi. Mon nom n'apparaissait pas dans la presse, je ne donnais pas d'interviews, j'évitais les photographes et je rasais les murs. Dans la journée, je passais pour un bureaucrate de plus. J'étais la discrétion même et, mis à part l'entourage de Massu ainsi qu'une poignée d'officiers de

4. Sous-officier affecté à la comptabilité du régiment.

la 10ᵉ DP, nul n'a jamais soupçonné que j'étais le chef d'orchestre de la contre-terreur.

Dans la journée, je ne prenais même pas la peine d'être armé. J'avais bien connu en Indochine le commandant Clauson, un phénomène qui avait commandé le 1ᵉʳ Choc. J'avais été frappé par le fait qu'il disait toujours qu'en présence de son bataillon, il n'avait pas besoin d'être armé. Je faisais comme lui.

Même à l'état-major de la 10ᵉ division parachutiste, il s'est trouvé des gens qui ne comprirent pas tout de suite ce qui se passait. L'attitude de Godard les avait laissés en dehors du noyau dur de la répression et, du reste, cette situation leur pesait.

Ainsi Massu me dit-il un jour :

— Vous savez, Le Mire se plaint de ne pas participer à la bataille d'Alger. Vous ne pourriez pas lui trouver quelque chose ?

— Je vais y réfléchir, mon général, répondis-je de manière évasive.

Henri Le Mire dirigeait le 2ᵉ bureau [5] de la division, assisté par le capitaine Jean Graziani. Comme Godard avait refusé d'engager l'état-major, ils n'étaient pas débordés de travail.

Il se trouva qu'un colonel chargé de la sécurité militaire vint au bureau quelques jours plus tard :

— Voilà, bredouilla-t-il, un peu gêné. C'est à propos des gens du FLN que vous arrêtez. On est bien obligé de se dire, hélas, que plus tard, on entendra de nouveau parler de certains d'entre eux. Ils seront peut-

---

5. Principalement chargé de la cartographie et des renseignements géographiques.

être même devenus des gens importants, vous comprenez. Alors, il faut être prévoyant. Pourriez-vous nous donner des listes de noms avec des fiches ?

Garcet et moi, nous nous regardâmes, interloqués.

— Mais bien volontiers, mon colonel, répondis-je avec un large sourire. Bien volontiers.

Je venais d'avoir une idée.

Le lendemain, quand je revis Massu, je lui annonçai que j'avais trouvé un travail pour Le Mire. Nous allâmes le voir avec Garcet pour lui expliquer ce qu'il aurait à faire avec son adjoint Graziani, s'il voulait enfin participer pleinement à la bataille.

— Alors, il paraît que tu t'emmerdes et que tu voudrais te rendre utile ? dis-je à Le Mire.

— Ah, oui. Ça, c'est vrai, qu'est-ce qu'on s'emmerde ! fit Graziani.

— Ça tombe bien, parce que j'ai justement une mission pour vous.

— Formidable !

— C'est très simple : on va vous apporter les listes complètes des gens que nous arrêtons. Vous les recopierez pour les remettre à la sécurité militaire. Mais il ne faudra pas vous tromper : il y a plusieurs catégories de suspects arrêtés.

— Ah bon, et lesquelles ? demanda Le Mire.

— Il y a des suspects qu'on ne garde pas. On ne peut pas garder tout le monde, tu comprends ?

— Comment ça ?

— On ne les garde pas prisonniers.

— Et ils sont où ?

— Ils sont morts.

— Ah oui, je comprends.

125

— Alors, pour que tu ne risques pas de te tromper, pour ceux qui sont morts, on mettra une indication devant le nom. On ne mettra pas M : ce serait trop voyant. On mettra L. L comme libérés. Tu comprends ?

— Je comprends. Mais ceux qui ne sont pas morts et qui sont véritablement libérés ?

— Eh bien, on mettra E. E comme élargis.

Le Mire et Graziani sont restés tranquilles quelque temps, absorbés par leur travail.

Jean Graziani était désespéré car les paperasseries n'étaient pas son fort. À ce pensum, il aurait sûrement préféré un peu d'action. Ce pied-noir d'origine corse, soldat dans les SAS en Angleterre, parachuté en France, avait servi en Indochine comme officier au 3ᵉ bataillon de parachutistes coloniaux qui avait été décimé sur la RC4. Ses quatre ans de captivité chez les Viets ne l'avaient pas rendu tendre. Il fut affecté en 1956 au 6ᵉ RPC qui était stationné au Maroc.

Dans sa garnison marocaine, le parti communiste avait une jolie maison qu'une bombe ne tarda pas à réduire en cendres. Graziani vint expliquer triomphalement à Romain-Desfossés, son colonel, qu'il était l'auteur de ce joli coup. Romain-Desfossés fronça le sourcil et lui demanda de ne pas recommencer. Mais les communistes reconstruisirent leur villa et Graziani prit cela pour une provocation. Il la fit donc sauter une deuxième fois.

Pour le coup, Romain-Desfossés dut téléphoner à son ami [6] Massu pour lui envoyer le turbulent officier.

---

6. Les deux hommes s'étaient connus avant guerre en Afrique noire.

126

C'est ainsi que Graziani avait été affecté au 2ᵉ bureau où, privé d'action, il s'étiolait auprès de Le Mire. Le colonel chargé de la sécurité militaire revint bientôt nous voir à la préfecture avec un air perplexe. Garcet essayait de se cacher pour mieux rire sous cape.

— Dites donc, fit le colonel, je ne comprends plus rien. Le Mire et Graziani m'ont apporté une liste de noms. Mais je crois qu'ils sont devenus fous. Sur cette liste, la plupart des suspects sont déclarés élargis. Je me demande bien pourquoi. D'autant que ceux qui ne sont pas élargis sont libérés. J'ai demandé des explications, mais ils se sont embrouillés. L'un disait que vous aviez demandé de déclarer élargis tous ceux qui étaient morts et l'autre prétendait que vous aviez dit de les déclarer libérés. Ce n'est pas logique.

— Vous avez raison : ce n'est pas logique. Il doit y avoir un malentendu, fis-je avec le plus grand sérieux.

Le bazooka

La nuit du 16 au 17 janvier 1957, j'étais sorti avec mes hommes, à mon habitude. Pendant ma tournée des régiments, je me rendis à la villa Sésini, centre de commandement du 1er régiment étranger de parachutistes. C'était Borniol qui était de permanence. Tel était le surnom du lieutenant Jean-Marie Le Pen, chef de section d'une des compagnies de combat. Ce surnom lui venait d'une besogne funèbre dont on l'avait chargé lors de l'expédition de Suez, quelques semaines plus tôt.

Les Égyptiens avaient subi de lourdes pertes. Leurs cadavres jonchaient les routes, exposés à la chaleur. Massu avait donné l'ordre au colonel Brothier, qui commandait alors le 1er REP, de faire disparaître ces corps. La section Le Pen avait été désignée pour cette tâche peu ragoûtante. Le Pen s'en était acquitté avec beaucoup de conscience et n'avait négligé aucun des égards particuliers qui étaient dus à des combattants musulmans. Réquisitionnant des prisonniers, il avait fait creuser une immense fosse, en prenant soin qu'elle fût tournée vers La Mecque. Il avait poussé le zèle jusqu'à faire déchausser les cadavres.

Le lieutenant était d'une grande rigueur lorsqu'il était en service, mais quand son régiment n'était pas en opérations — ce qui était rare — il passait pour assez turbulent. On disait qu'il affectionnait de se défouler en déclenchant des bagarres dans les lieux les plus chic.

Ainsi, lorsqu'on le croisait dans son endroit préféré, le bar du légendaire hôtel Saint George, qui avait accueilli toutes les célébrités d'Europe, il n'était pas rare de le voir chercher querelle à ceux dont il avait décidé que la tête ne lui revenait pas, au grand dam de Thomas, le barman arménien.

Pour ma part, j'évitais le Saint George, pour une raison que personne à Alger n'aurait pu deviner. Par une étrange coïncidence, mon père avait connu, au cours de ses études, l'un des fondateurs de cet hôtel et les Aussaresses figuraient maintenant parmi les principaux actionnaires de l'établissement. Mais j'avais souvent entendu mon père se plaindre du médiocre rendement de ce placement. Il reprochait à ses associés de ne pas lui verser son dû. C'était pour cette raison que je boycottais ce prestigieux établissement algérois, lui préférant l'Aletti qui était un peu moins huppé.

Si nous avions pris l'habitude de nous tutoyer, Borniol et moi, ce n'était donc pas parce que nous traînions dans les mêmes bars, mais parce que nous avions appartenu tous les deux aux Jeunesses étudiantes chrétiennes.

Le Pen semblait tout étonné que je ne lui parle pas de l'événement du jour :

— Tu es au courant de ce qui est arrivé, au moins ?

— Quoi donc ?

— Eh bien, de ce qui est arrivé au grand chef, ou plutôt de ce qui a failli lui arriver car il s'en est fallu de peu.

— Quoi ! Massu ?

— Non, Salan !

— Raconte.

Le Pen éclata de rire.

— Ma parole, il ne sait rien ! Eh bien, tu as bonne mine, pour un type qui est censé être le mieux renseigné d'Alger !

C'est ainsi que Jean-Marie Le Pen m'apprit ce qui s'était passé. Grâce à une machine infernale rudimentaire bricolée avec deux tuyaux de gouttière, on venait de tirer deux roquettes dans le bureau du général Salan, commandant en chef et commandant de la région militaire. Salan était indemne mais un de ses collaborateurs, le commandant Rodier, n'avait pas été raté.

Quelques heures plus tard, à la réunion secrète du matin, Massu commença à nous engueuler.

Trinquier ne disait rien.

— Alors, c'est comme ça que vous vous occupez des fels ?

— Mon général, protestai-je, cette affaire n'est absolument pas de notre ressort !

— Comment ça, pas de votre ressort ? Vous êtes bien là pour liquider les auteurs d'attentats, non ?

— Oui, pour liquider les auteurs d'attentats organisés par le FLN.

— Et alors ?

— Ce n'est pas le FLN qui a fait ce coup.

— Et comment pouvez-vous le savoir ?

— Parce que le FLN est incapable de maîtriser la technique utilisée. Je suis absolument formel.

Massu poussa un grognement et réfléchit un instant.

— Alors, qui a bien pu faire le coup ? demanda-t-il.

— Plutôt les cocos, à mon avis. Mais il faut voir.

L'enquête fut confiée à la police judiciaire.

Le 18 janvier, je rencontrai à ce sujet le commissaire Parat, et, à cette occasion, je fis la connaissance d'Honoré Gévaudan qui, venu spécialement de Paris, l'assistait. Gévaudan avait déjà travaillé à Alger en 1956, quand on avait recherché l'équipe d'Iveton, l'employé du gaz communiste qui avait opéré avec un chimiste pied-noir pour faire sauter Alger. Gévaudan devait m'avouer plus tard qu'il avait bien fallu faire parler Iveton sous la torture, malgré l'interdiction de Paul Teitgen, de peur de risquer la destruction du quart de la ville.

Gévaudan bavardait en compagnie de Faulques, l'OR du 1er REP. Je leur fis part de mon sentiment.

— Ainsi, vous pensez que ce sont les cocos ? demanda Gévaudan.

— C'est une piste parmi d'autres. Je n'ai pas de preuves. C'est juste une intuition, une hypothèse de travail.

— Mais qui chez les cocos ?

— Leur Service Action. L'équipe d'André Moine.

Tous se regardèrent en hochant la tête.

— Ça tient la route ! trancha Gévaudan.

Le lendemain, lorsque je revis Massu, nous en avons reparlé.

— Qu'est-ce que c'est que cette histoire de Service Action des cocos ? demanda-t-il.

— Je pense que les communistes disposent de l'équivalent de notre Service Action. C'est-à-dire qu'ils ont une cellule secrète d'intervention avec des experts en armes et explosifs. Cette cellule est placée sous l'autorité d'André Moine.

— Qui est-ce ?

— Un ancien syndicaliste qui dirige les opérations violentes auxquelles est associé le parti. Ce ne serait pas la première fois que les communistes sont mêlés à des attentats. Il y a eu l'arme utilisée dans l'opération du 6 octobre où vous étiez visé : une mitraillette Sten qui faisait partie du stock dérobé par l'aspirant Maillot [1]. Et puis, il y a eu Iveton. Voilà un an et demi, j'avais même trouvé des fels planqués au siège du parti, à Philippeville.

— Et vous attendez quoi pour l'arrêter, cet André Moine ?

Je commençai à orienter mes recherches du côté du PCA, ce qui eut pour effet de terroriser ses responsables et de les pousser à la clandestinité. Ainsi, certains d'entre eux restèrent en plongée jusqu'au mois de juin.

Parat et Gévaudan avançaient de leur côté. En fait,

---

1. Officier français membre du parti communiste qui avait volé des armes pour les remettre au FLN. Il avait été exécuté par des harkis du bachaga Boutaleb alors qu'il effectuait une livraison.

c'est un modeste inspecteur de la police scientifique qui résolut l'énigme. Les auteurs de l'attentat avaient laissé leur matériel sur place. C'est ce matériel qui les dénonça. En examinant le fil électrique qui avait servi pour la mise à feu et qui avait quatorze brins au lieu des dix-neuf du modèle le plus courant, l'inspecteur suivit une piste qui le conduisit jusqu'à un ouvrier modèle, soudeur à l'arsenal. C'était un pied-noir qui avait fait la guerre d'Indochine. Interrogé, il finit par parler. Parat et Gévaudan, influencés par ce que je leur avais dit, le prenaient pour un communiste. Vexé, il préféra avouer plutôt que de passer pour ce qu'il détestait le plus.

Comme il était très bon nageur, il avait été accepté dans le club sportif très chic du docteur Kovacs. Un dénommé Philippe Castillle était également membre de ce club. Quelques jours plus tard, on l'arrêta. C'était lui, l'auteur de l'attentat.

Mes soupçons visant le Parti communiste algérien n'étaient pas fondés. Quand j'appris que Philippe Castille était dans le coup, je fus abasourdi. On a dit beaucoup de choses à propos de cet attentat contre Salan, et notamment qu'il avait pu être organisé par les services français ou par Israël. En fait, c'était moi qui avais formé Castille, un ancien du 11ᵉ Choc que je connaissais bien, même si je ne l'avais pas revu depuis longtemps, au maniement du bazooka.

Ce genre d'engins, des Panzerfaust pris aux Allemands, nous en avions reçu plusieurs centaines à Montlouis. Personne n'en détenait le mode d'emploi. Nous les avions démontés et Castille était devenu un expert. Jusqu'au jour où l'on nous avait informés que certains Panzerfaust auraient été habilement piégés, de sorte que, dans le doute, il avait fallu tous les détruire. Les parents de Castille et lui-même avaient été dans la Résistance. Par suite d'une réduction d'effectifs, il n'était pas resté à Saint-Cyr où on l'avait admis. Cet ancien boy-scout s'était retrouvé sous mes ordres, sergent au 11ᵉ Choc. Puis il s'était marié avec une jeune fille d'une famille aisée de la région de Perpignan et il avait été embauché à un niveau important chez Renault, à Alger. Il était devenu l'ami du docteur Kovacs, ancien médecin d'un bataillon d'infanterie qui avait fait campagne en Italie. Kovacs lui fit partager ses idées. Ils s'étaient persuadés, bien à tort, que l'appartenance maçonnique notoire de Salan l'inclinerait tôt ou tard à favoriser l'indépendance de l'Algérie. Kovacs voulait assassiner Salan au fusil-mitrailleur 24-29. Castille lui avait démontré que c'était absurde et qu'il valait mieux se servir d'un système dérivé du Panzerfaust qu'il connaissait bien. Voilà pourquoi Castille, aidé de deux ouvriers de l'arsenal, avait fabriqué l'engin.

Castille avait soigneusement préparé l'attentat. Ayant loué une chambre dans la maison qui se trouvait en face de l'hôtel particulier qui servait de PC à Salan, il avait longtemps observé les faits et gestes du général. L'opération avait été décidée alors que Salan venait inopinément de quitter son bureau pour se rendre chez Lacoste. Comme il avait emprunté un passage souterrain, Castille, ne le voyant pas sortir, avait cru qu'il était toujours dans le bâtiment.

Lorsque le commandant Rodier, le chef de cabinet de Salan, s'était assis dans le bureau de son patron pour recevoir un colonel, Castille avait pensé que le général était de retour et il avait déclenché le tir des deux engins. Un projectile était passé par-dessus la tête du colonel qui était assis face au bureau et le noyau avait transpercé Rodier, pour venir terminer sa course aux pieds d'un aide de camp. C'est ainsi que le commandant Rodier avait perdu la vie pour avoir commis l'erreur de s'asseoir dans le fauteuil de son chef.

Castille a eu la délicatesse de ne jamais parler ni de moi ni de son passage au 11e Choc durant son procès, en 1958. Son avocat lui conseilla de charger Kovacs, qui s'était sauvé en Espagne et que je ne connaissais pas, mais ce n'était pas le genre de Castille qui préféra écoper de douze ans de prison [2].

---

2. Après trois ans de détention, Castille et ses deux complices se firent hospitaliser. En janvier 1960, pendant la semaine des barricades, les trois compères profitèrent du tumulte pour s'évader de l'hôpital avec l'idée de passer en France. Ils se rendirent à L'Île-de-Beauté. Les deux ouvriers rentrèrent finalement à l'hôpital. Castille, lui, réussit à passer en France où il devint le chef des plastiqueurs de l'OAS. Cette adhésion à l'OAS fit de lui un ami de Salan, l'homme qu'il avait voulu tuer. Castille fut de nouveau arrêté par Honoré Gévaudan en 1962, au moment où il s'apprêtait à faire sauter l'émetteur de télévision de la tour Eiffel au début d'une allocution du général de Gaulle. Cette fois, il fut condamné à vingt ans de bagne. Après avoir vainement tenté de s'évader, Philippe Castille fut libéré en 1968 du pénitencier de Saint-Martin-en-Ré où il avait passé six ans et il se consacra à sa nouvelle passion pour l'art du vitrail.

La grève

Dès notre premier entretien, le 8 janvier 1957, on s'en souvient, Massu m'avait demandé de m'occuper de briser la grève insurrectionnelle, qui avait été annoncée pour le 28 janvier par des tracts signés Ben M'Hidi.

Pendant trois semaines, en exploitant le fichier fourni par les renseignements généraux, je n'avais pas chômé. Le camp de Beni-Messous était rempli d'environ mille cinq cents prisonniers et le reste avait été expédié vers des camps annexes. Beaucoup de suspects avaient été interrogés. Il s'agissait surtout de personnes impliquées dans les actions sanglantes qui continuaient à être très dures. Ainsi, le samedi 26 janvier, trois bombes avaient éclaté à la même heure dans des bistrots de la rue Michelet, à l'Otomatic, à la Cafétéria et au Coq-Hardi. Celle du Coq-Hardi fut la plus meurtrière : quatre femmes tuées, et trente-sept blessés.

Nous avions mis la main sur beaucoup de poseurs

de bombes ainsi que sur leurs auxiliaires, mais aucun responsable de la grève insurrectionnelle n'avait été arrêté.

D'ailleurs, je n'avais pas voulu montrer trop tôt que nous étions préoccupés par cette grève, soucieux de la briser et en mesure de le faire. De sorte que le FLN ne s'attendait pas à une réaction de l'armée.

Je savais que la rébellion était capable de paralyser les services publics et ma préoccupation principale était de tout faire pour en garantir le fonctionnement. À l'époque de la bataille d'Alger, le FLN disposait d'appuis tels qu'aucun secteur n'était *a priori* hors de sa portée. Il était difficile, de ce fait, de se fier au courrier ou au téléphone.

Dans la nuit du 27 au 28 janvier 1957, j'avais fait le tour des régiments pour vérifier qu'ils étaient prêts à agir. J'avais chargé chaque unité de préserver la bonne marche d'un service public (eau, gaz, électricité, postes, trolleys, etc.) et le moindre employé figurait sur la liste que chaque service du personnel nous avait communiquée. Ces listes étaient systématiquement comparées aux listes de suspects que notre fichier et les interrogatoires nous avaient permis d'établir.

Au petit matin, les parachutistes se mirent en place dans tous les endroits où travaillaient des personnes impliquées dans le fonctionnement d'un service public. Ils vérifièrent méthodiquement qui était à son poste et qui n'y était pas. Puis ils se rendirent en toute hâte au domicile des grévistes et les conduisirent rapidement et sans ménagements, comme on s'en doute, sur leur lieu de travail. Grâce à une méthode aussi drastique, les services publics se remirent en route très tôt dans la matinée. La préparation de cette opération et son exécution, dans une agglomération de plus de huit cent mille habitants, représentaient un travail énorme. Cette action constitua une spectaculaire démonstration de force de nos unités. L'effet psychologique produit permit de briser la grève insurrectionnelle en moins d'une heure. Les devantures des magasins qui étaient restés fermés furent arrachées. Et les commerçants, qui avaient été prévenus de ce qu'ils risquaient, furent bien obligés de se mettre derrière leur caisse pour éviter d'être pillés.

Je supervisais ces opérations à la préfecture lorsque je reçus la visite d'un civil français qui se présenta comme un cadre du personnel de l'organisation des transporteurs maritimes. Il me dit que les dockers étaient en grève, que c'était une catastrophe, qu'il fallait faire quelque chose. Je me suis précipité au camp de Beni-Messous pour recruter de la main-d'œuvre. Avec un adjudant-chef, nous avons emmené deux cents hommes. Nous les conduisîmes au port sous l'escorte de jeunes soldats appelés, des sapeurs parachutistes. Les prisonniers ont déchargé les bateaux deux fois plus vite que les dockers. Le cadre des docks a insisté pour que les prisonniers soient rémunérés. Tout le monde était content.

Après avoir fait décharger les bateaux, je revins à la préfecture vers midi. Je comptais déjeuner rapidement à L'Île-de-Beauté, mais, en traversant la place, je fus intercepté par un lieutenant de la Légion qui m'invita au mess. À ma grande surprise, je m'aperçus que les serveurs s'étaient mis en grève. Un brouhaha montait de la grande salle au milieu de laquelle nous nous étions installés, à la table de deux PFAT [1], des sœurs bretonnes de mes connaissances.

Les jeunes femmes nous accueillirent avec des sarcasmes :

— Eh bien, on peut vraiment vous féliciter, vous les paras. Ne même pas avoir été capables d'empêcher la grève au mess ! On peut se demander comment ça doit être ailleurs. Ah, vous pouvez être fiers.

Un serveur se promenait d'un air narquois entre les tables. Je l'ai interpellé :

— Alors, c'est quoi ce bordel ? Qu'est-ce que tu attends pour nous servir ?

— Je suis en grève.

— Quoi ?

Le mess devint silencieux tout à coup.

— Je vous dis que je suis en grève et que je ne vous servirai pas. Si vous n'êtes pas content, c'est pareil.

Je me suis levé brusquement. Le serveur me toisait avec insolence. Alors, je l'ai giflé. Lui et ses collègues ont tout de suite repris leur travail.

Au moment du café, le maître d'hôtel est venu me dire que le gérant du mess voulait me voir. Comme je ne lui ai pas fait l'honneur de lui rendre visite, il est allé pleurer à l'état-major, auprès du colonel Thomazo, dit Nez de Cuir. Je fus même convoqué. Thomazo, responsable du mess, voulait me punir de huit jours d'arrêts. J'ai refusé de signer. Je lui ai dit ce que je pensais de la qualité de son établissement et je suis parti. Le

---

1. Personnels féminins de l'armée de terre.

colonel Mayer a fait mettre la demande de punition au panier.

Mes hommes et les lieutenants de mon régiment, ayant appris cet incident, voulaient égorger Thomazo. Ils auraient mis ça sur le compte du FLN. J'ai essayé de les calmer. Ils sont quand même allés mettre un peu de désordre.

C'est ainsi que les officiers du 1er RCP se sont vu interdire l'accès du mess mixte d'Alger.

Le 29 janvier, deuxième jour de la grève, aucun employé des services publics n'osa débrayer. Chacun se sentait surveillé par les parachutistes. Des commerçants restèrent néanmoins fermés. C'était essentiellement ceux dont les magasins avaient été ouverts de force et qui étaient obligés de remettre un peu d'ordre.

Les parachutistes s'attachèrent à repérer les meneurs. Les entreprises étaient visitées et les éléments qui n'avaient rien à y faire étaient systématiquement embarqués.

Tel fut le cas pour les chantiers de maçonnerie. Nous interrogions les ouvriers :

— Pourquoi est-ce que vous ne travaillez pas ?

— Nous faisons la grève.

— Et pourquoi faites-vous la grève ?

— Mais parce qu'on nous a dit de la faire.

— Et qui vous a dit ça ?

— Des gens qu'on ne connaît pas.

— Des gens du FLN ?

— Ça se peut.

Là, contre toute attente, nous procédions à une vérification d'identité. Il nous suffisait de trouver quelqu'un qui n'avait rien à voir avec le chantier, un coiffeur par exemple, pour avoir la certitude qu'il s'agissait du cadre FLN venu passer les consignes.

De tels suspects étaient emmenés pour être interrogés.

Dans l'ensemble, on peut dire que la grève insurrectionnelle fut un échec total.

Villa des Tourelles

La bataille d'Alger s'est déroulée la nuit. Et la nuit d'Alger en était l'enjeu. Il fallait la reprendre au FLN. Il n'était pas difficile de deviner que la face nocturne et secrète de ma mission m'amenait à organiser les arrestations, à trier les suspects, à superviser les interrogatoires et les exécutions sommaires. Même si cela n'était pas dit explicitement, les plus perspicaces comprirent vite que mon rôle était par ailleurs de soulager les régiments des corvées les plus désagréables et de couvrir celles qu'ils accomplissaient eux-mêmes. S'il y avait eu le moindre problème, on m'aurait tout mis sur le dos. Les OR le savaient et je le savais aussi.

Parmi les gens que je voyais tous les jours, il n'y a que Paul Teitgen qui n'ait jamais rien compris, comportement surprenant parce qu'il ne semblait pas sot, et parce que ses supérieurs comme ses collègues de la préfectorale étaient au courant.

Très vite, Garcet nous avait trouvé un local discret à Mustapha, dans la périphérie d'Alger, une grande villa de deux étages sur cave entourée d'un jardin à l'abandon. Il y avait quatre pièces par étage. Le nom de cette villa était prédestiné : la villa des Tourelles, du même nom que la caserne parisienne qui abritait le SDECE [1]. L'endroit où elle se trouvait avait l'avantage d'être isolé. Il n'y avait pas de voisins pour nous gêner. C'est là que se pratiquèrent les interrogatoires des prisonniers qui nous revenaient.

Dans la journée, nous étions au bureau de la préfecture, mais après, nous filions aux Tourelles.

Là, avant que le soleil ne se couche, je travaillais à la synthèse des renseignements fournis par les régiments et, le cas échéant, j'arbitrais les problèmes de compétence territoriale.

Puis, avec Garcet, nous commencions à préparer les opérations qui nous revenaient. Elles ne nécessitaient jamais la mise en place de moyens trop importants, car, dans ce cas, c'était aux régiments de s'en occuper.

Le principal était d'évaluer les risques de ces opérations. Si elles ne me paraissaient pas dangereuses, je donnais mes instructions au lieutenant Garcet qui s'en chargeait avec mon premier groupe, voire avec un seul homme.

Un Algérien, par exemple, s'était rendu à la préfecture. C'était Garcet qui l'avait reçu. Cet homme était marié avec une Française qui l'avait quitté pour un sympathisant du FLN, un dandy qui travaillait avec des poseurs de bombes.

---

1. Cette caserne héberge toujours la DGSE.

La nuit suivante, deux de mes hommes se présentèrent à l'adresse indiquée. Quand on vit l'un d'eux revenir à la villa, habillé avec un costume neuf de don Juan, légèrement étriqué parce qu'il avait une sacrée carrure, nous comprîmes que l'opération avait eu lieu. Ils avaient effectivement trouvé le suspect, qui possédait une superbe garde-robe. Comme il avait tout avoué séance tenante, ils avaient jugé inutile de s'encombrer en le ramenant à la villa.

Au coucher du soleil, nous enfilions nos tenues léopard et la cavalcade commençait. Notre équipe sortait vers 20 heures et nous nous arrangions pour être de retour avant minuit avec nos suspects pour procéder aux interrogatoires.

Au cours de la nuit, les régiments m'informaient de leurs arrestations et m'attendaient souvent pour décider de ce qu'il fallait faire des prisonniers.

Pour tous les suspects arrêtés à Alger, c'était moi, en principe, qui décidais de ceux qui devaient être interrogés séance tenante et de ceux qui devaient être conduits directement dans les camps lorsqu'ils n'avaient pas une importance majeure.

Tel était le cas des gens dont le lien présumé avec le FLN, de toute évidence, était ténu ou qui avaient été recrutés par la force. Ceux-là représentaient, fort heureusement, une large partie des suspects appréhendés.

Les autres, dont la nocivité était certaine, ou du moins hautement probable, nous les gardions, avec l'idée de les faire parler rapidement avant de nous en débarrasser.

Tantôt je courais d'un PC à l'autre, tantôt j'allais

avec l'un de mes deux groupes procéder à des arrestations quand l'opération me semblait délicate ou risquée.

Nous étions moins d'une dizaine, répartis dans notre grosse voiture, deux Jeep et deux Dodge. Nous faisions vite. Toujours à la course. Les nuits ne duraient pas.

Les gens dont nous nous chargions directement étaient ceux qui relevaient a priori de plusieurs secteurs ou qui n'étaient rattachés à aucun, ce qui était le cas lorsqu'ils étaient en dehors d'Alger.

Parmi les opérations qui nous revenaient et auxquelles je participais, la plupart amenaient à des interrogatoires. D'autres aboutissaient à des liquidations pures et simples qui se faisaient sur place.

Je me souviens, par exemple, de femmes qui avaient dénoncé les auteurs d'assassinats. Les coupables se cachaient dans une cabane près de la forêt de Zeralda. C'était dans le secteur de Fossey-François. Nous ne prîmes pas la peine de procéder aux interrogatoires et les hommes furent exécutés sur-le-champ.

Nous ne ramenions jamais plus d'une demi-douzaine de suspects à la fois. Le cas de ceux qui entraient aux Tourelles était considéré comme assez grave pour qu'ils n'en sortent pas vivants. C'étaient ceux qui avaient participé directement à des attentats.

Pendant ce temps, chaque régiment de la 10e DP procédait de son côté aux interrogatoires des suspects qu'il avait arrêtés. S'il arrivait que les renseignements obtenus dépassent les limites de compétence territoriale du régiment, on m'envoyait le prisonnier et je l'interrogeais à nouveau. Par exemple, les hommes de Bigeard pouvaient avoir arrêté quelqu'un qui donnait des renseignements intéressant le secteur de Maison-Carrée, relevant de Mayer. Alors c'était à moi de prendre le relais et le suspect m'était livré.

Les jours de grande affluence, on m'envoyait systématiquement ceux que les régiments, submergés, n'avaient pas le temps d'interroger.

Nous procédions aux interrogatoires au fur et à mesure que les prisonniers arrivaient. Aux Tourelles, comme dans les régiments responsables de secteurs, la torture était systématiquement utilisée si le prisonnier refusait de parler, ce qui était très souvent le cas.

Les renseignements obtenus nous amenaient la plupart du temps à effectuer nous-mêmes une ou plusieurs autres sorties, par exemple pour trouver un dépôt d'armes, de munitions ou d'explosifs. Sinon, nous orientions les régiments compétents vers de nouvelles arrestations.

Lorsque nous devions repartir pour de telles vérifications, les prisonniers étaient, en général, gardés par un seul homme qui restait à la villa.

Quand un suspect avait parlé et qu'il semblait n'avoir plus rien à dire, le pire que nous pouvions lui faire était de le libérer séance tenante. Tel était le cas lorsqu'un prisonnier me faisait promettre de le relâcher s'il parlait. Mais c'était rare. Une fois lâché, il avait toutes chances d'être égorgé avant l'aube par le FLN.

La plupart du temps, mes hommes partaient à une vingtaine de kilomètres d'Alger dans des « maquis lointains » et les suspects étaient abattus d'une rafale de mitraillette, puis enterrés. Les exécutions n'avaient jamais lieu au même endroit. J'avais demandé à

Garcet, mon adjoint, de s'occuper de désigner ceux qui seraient de corvée.

On me donnait aussi des gens qui, interrogés par les régiments, avaient parlé et dont on ne voulait plus. Dans ce cas, personne ne me demandait jamais ce que je comptais en faire. Bref, quand on voulait se débarrasser de quelqu'un, il finissait par arriver aux Tourelles.

À la fin de chaque nuit, je relatais les événements sur la page d'un carnet top secret, le manifold, qui permettait de rédiger manuellement un texte en quatre exemplaires, grâce à trois feuilles de carbone. L'original revenait à Massu et il y avait trois copies, une pour le ministre résidant Robert Lacoste, une pour le général Salan, la troisième pour mes archives. Bien entendu, je gardais toujours ce carnet sur moi.

Dans mon rapport, je centralisais les informations que chaque OR m'avait données au cours de la nuit. J'indiquais le nombre d'arrestations de chaque unité, le nombre de suspects abattus au cours des interpellations, le nombre d'exécutions sommaires pratiquées par mon groupe ou par les régiments. Il était rare que je note des noms, sauf lorsque j'estimais que cela avait quelque importance.

Je ne dormais presque plus. Au mieux, deux heures en fin de nuit et une sieste d'une heure dans la journée. Comme je ne fumais pas, je tenais le coup en buvant des litres de café. C'était un soldat du contingent qui conduisait la Jeep où je me trouvais le plus souvent. Une nuit, il s'était endormi et nous étions partis dans le décor. Un officier du service auto de la compagnie de QG nous avait fait asseoir pour que nous prenions un peu de repos. Il avait mobilisé tous ses mécaniciens. À l'aube, la Jeep était remise à neuf.

Chaque matin, après un dernier café, nous nous retrouvions avec Trinquier et allions voir Jacques Massu à Hydra pour lui raconter ce qui s'était passé. Il nous recevait chez lui, secrètement, de sorte que nous n'avions pas de contacts avec les gens de la division. Nous savions qu'après nous avoir entendus, il rencontrait Lacoste.

En remettant à Massu sa feuille du manifold, je lui donnais de rapides explications sur les opérations. Les exécutions étaient souvent assimilées à des tentatives d'évasion manquées. Je m'efforçais de ne pas trop lui laisser le temps de réfléchir et de ne pas le gêner.

Massu, par une sorte de code tacite, ne s'exprimait à ce moment que par un grognement dont on ne pouvait dire s'il s'agissait de félicitations ou d'une marque de désapprobation. De toute façon, il avait une immense qualité : celle de toujours couvrir ses subordonnés.

Si les réunions entre Massu, Trinquier et moi étaient quotidiennes, nous faisions en sorte de limiter celles qui mettaient en présence les chefs des régiments. Ils avaient trop tendance à rivaliser entre eux. Chacun, en effet, annonçait fièrement ses résultats en espérant avoir fait mieux que l'autre. Au printemps, quelqu'un avait même eu l'idée idiote d'effectuer un pointage des armes prises au FLN par chaque unité. Ce système du tableau de chasse avait créé des rivalités puériles et absolument détestables. En Indochine, où ce genre de compétition se pratiquait déjà, je me rappelle qu'un pistolet à bouchon avait été comptabilisé par un régiment comme arme d'instruction. Nous en serions bientôt là. Chaque jour, j'adressais par ailleurs à Teitgen un rapport nominatif indiquant le nom de toutes les personnes arrêtées. Pour chacune, il lui fallait signer un arrêté d'assignation à résidence. Je pense que Teitgen a toujours su que les suspects les plus sérieux dont le nom figurait sur cette liste étaient torturés, mais il ne savait peut-être pas qu'après avoir été torturés ils étaient exécutés. À moins qu'il ait fait semblant de ne pas le savoir [2].

---

2. Le 29 mars 1957, Teitgen offrit sa démission dans une longue lettre adressée à Robert Lacoste où il indiquait qu'il avait vu des prisonniers qui portaient des marques de torture. Lacoste refusa cette démission.

La terreur

En demandant aux militaires de rétablir l'ordre à Alger, les autorités civiles avaient implicitement admis le principe d'exécutions sommaires. Lorsqu'il nous a semblé utile d'obtenir des instructions plus explicites, ce principe a toujours été clairement réaffirmé.

Ainsi, à la fin du mois de janvier 1957, le 3e RPC de Marcel Bigeard captura des tueurs chevronnés connus sous le nom de groupe de Notre-Dame d'Afrique. Une douzaine d'hommes au total. Ils avaient été identifiés comme ayant perpétré plusieurs attentats visant tant des Français que des Algériens. Bigeard me dit qu'il ne savait qu'en faire.

J'en ai parlé à Trinquier. Le lendemain, nous devions justement assister à une réunion des chefs de corps de la division.

Au cours de la réunion, Bigeard posa abruptement la question qui le travaillait :

— Alors, qu'est-ce que je fais de ces types ?

— Il faudrait peut-être leur faire prendre le maquis, dit Trinquier.

— Oui, un maquis éloigné, précisa Massu.

Tout le monde avait compris.

— Attendez quand même un peu, reprit le général. Nous allons avoir la visite de Max Lejeune [1]. Je vais lui en toucher deux mots. Ce sera une bonne occasion de savoir ce qu'il a dans le ventre.

Lors de l'entrevue qu'il eut en tête à tête avec Max Lejeune, Massu lui dit qu'il avait appréhendé un groupe de terroristes et qu'il se demandait s'il valait mieux les remettre à la Justice ou les liquider.

— Vous vous souvenez du DC3 d'Air-Atlas, l'avion qui transportait Ben Bella, le chef du FLN, et ses quatre compagnons, le 22 octobre dernier [2] ? demanda Max Lejeune.

— Monsieur le ministre, qui ne s'en souvient pas ! fit Massu.

— C'est une affaire que je connais bien puisque le président Guy Mollet m'a laissé me débrouiller avec le général Lorillot. Lorsque le gouvernement a su que ces hommes iraient en avion du Maroc en Tunisie, il a ordonné à la chasse d'Oran d'abattre l'appareil. Si nous avons annulé cet ordre, c'est qu'au dernier moment nous avons appris que l'équipage de l'avion était français. Pour le gouvernement, il est regrettable

---

1. Secrétaire d'État à la Guerre du gouvernement Guy Mollet.
2. Ben Bella et ses compagnons, qui se rendaient de Rabat à Tunis, ne s'étaient pas rendu compte que leur avion avait été intercepté et détourné sur Alger.

que Ben Bella soit encore vivant. Son arrestation est une bavure. Nous devions le tuer.

Massu avait compris ce que Max Lejeune voulait dire. Il nous convoqua immédiatement, Trinquier et moi. Lorsqu'il nous raconta cette anecdote, ce fut également très clair pour moi : j'allais avoir douze hommes de plus à exécuter la nuit suivante. J'aurais pu laisser cette pénible besogne à Bigeard mais j'ai préféré m'en occuper avec les sous-officiers de ma première équipe. Quand il a fallu tuer ces prisonniers, nous n'avons pas douté un instant que nous exécutions les ordres directs de Max Lejeune, du gouvernement de Guy Mollet et de la République française.

Il était rare que les prisonniers interrogés la nuit se trouvent encore vivants au petit matin. Qu'ils aient parlé ou pas, ils étaient généralement neutralisés.

Il était impossible de les remettre dans le circuit judiciaire. Ils étaient trop nombreux et les rouages de la machine se seraient grippés. Beaucoup d'entre eux seraient passés au travers des mailles du filet.

J'étais bien placé pour le savoir, puisque, chaque matin, j'allais au camp principal de Beni-Messous où, comme je l'ai dit, je rencontrais le commissaire Ceccaldi-Raynaud et son adjoint, l'officier de police Devichi. Là, il fallait opérer un nouveau tri. Parmi les assignés à résidence, quelques-uns étaient dirigés vers le circuit judiciaire. C'était de mon ressort et ça se décidait dans la journée.

Plus de vingt mille personnes sont passées par ce camp : trois pour cent de la population de l'agglomération d'Alger. Comment confier tous ces gens à la Justice ?

Au cours d'une de ces visites, Devichi m'avait signalé un prisonnier qui n'avait pas été interrogé et qu'il soupçonnait d'avoir des responsabilités au FLN. Le suspect s'était rendu compte que nous parlions de lui et je vis qu'il était pris de panique. Il fut cependant convenu avec Devichi que je m'en occuperais plus tard.

Après mon départ, le prisonnier s'est présenté à l'officier de police et s'est accusé de plusieurs assassinats. De ce fait, il a été régulièrement incarcéré à la prison d'Alger et présenté au juge d'instruction auquel il a raconté une histoire invraisemblable. Au bout du compte, les vérifications effectuées, on ne pouvait retenir contre ce suspect qu'un délit d'outrage à magistrat et il fut libéré. Ainsi, en s'accusant de meurtres qu'il n'avait pas commis, il avait réussi à échapper au camp.

Sans notre action, le système judiciaire aurait vite été paralysé par ce genre de subterfuge. De ce fait, nombre de terroristes auraient recouvré la liberté et commis d'autres attentats.

Quand bien même la loi aurait été appliquée avec toute sa rigueur, peu de gens auraient été exécutés. Le système judiciaire n'était pas fait pour des circonstances aussi exceptionnelles. Même si Mitterrand, maintenant ministre de la Justice, avait confié les dossiers concernant les actes de terrorisme en Algérie aux tribunaux militaires, cela ne suffisait pas.

Envoyer les prisonniers coupables d'assassinat dans des camps en attendant que la Justice s'en occupe était tout aussi impossible : beaucoup se seraient évadés au cours des transferts, avec la complicité du FLN.

Par conséquent, les exécutions sommaires faisaient partie intégrante des tâches inévitables de maintien de l'ordre. C'est pour ça que les militaires avaient été appelés. On avait instauré la contre-terreur, mais officieusement, bien sûr. Il était clair qu'il fallait liquider le FLN et que seule l'armée avait les moyens de le faire. C'était tellement évident qu'il n'était pas nécessaire de donner des ordres dans ce sens à quelque niveau que ce soit. Personne ne m'a jamais demandé ouvertement d'exécuter tel ou tel. Cela allait de soi.

Quant à l'utilisation de la torture, elle était tolérée, sinon recommandée. François Mitterrand, le ministre de la Justice, avait, de fait, un émissaire auprès de Massu en la personne du juge Jean Bérard qui nous couvrait et qui avait une exacte connaissance de ce qui se passait la nuit. J'entretenais les meilleures relations possibles avec lui et je n'avais rien à lui cacher.

Si la torture a été largement utilisée en Algérie, on ne peut pas dire pour autant qu'elle se soit banalisée. Entre officiers, nous ne parlions pas de ça. D'ailleurs, un interrogatoire n'aboutissait pas nécessairement à une séance de torture. Certains prisonniers parlaient très facilement. Pour d'autres, quelques brutalités suffisaient. Ce n'était que dans le cas où le prisonnier refusait de parler ou essayait de nier l'évidence que la torture était utilisée. Nous faisions tout pour éviter aux jeunes cadres d'avoir à se salir les mains. Beaucoup en auraient d'ailleurs été absolument incapables.

Les méthodes que j'ai employées étaient toujours les

mêmes : coups, électricité, eau. Cette dernière technique était la plus dangereuse pour le prisonnier. Cela durait rarement plus d'une heure, d'autant que les suspects, en parlant, espéraient avoir la vie sauve. Donc ils parlaient vite ou jamais.

Pour rassurer ses hommes, Massu avait tenu à être lui-même torturé à l'électricité. En un sens il avait raison : ceux qui n'ont pas pratiqué ou subi la torture peuvent difficilement en parler. Mais il n'était pas fou : il avait soigneusement choisi ses bourreaux parmi ses plus zélés courtisans. Si c'était moi qui l'avais torturé, je lui aurais appliqué exactement le même traitement qu'aux suspects. Il s'en serait souvenu et il aurait compris que la torture, c'est encore plus déplaisant pour celui qui est torturé que pour celui qui torture.

Je ne crois pas avoir jamais torturé ou exécuté des innocents. Je me suis essentiellement occupé de terroristes impliqués dans les attentats. Il ne faut pas oublier que, pour chaque bombe, qu'elle ait explosé ou pas, il y avait le chimiste, l'artificier, le transporteur, le guetteur, le responsable de la mise à feu. Jusqu'à une vingtaine de personnes à chaque fois. Dans mon esprit, pour chacun de ces participants, la responsabilité était écrasante, même si les intéressés estimaient la plupart du temps n'être que les maillons d'une longue chaîne.

Il était rare que les prisonniers succombent à un interrogatoire, mais cela arrivait. Je me souviens d'un homme, un musulman d'une quarantaine d'années, très maigre, qui avait été arrêté par mon régiment sur dénonciation. Apparemment, il avait l'allure d'un honnête ouvrier. L'homme était soupçonné de fabriquer des bombes et tous les indices concordaient pour établir sa culpabilité. Mais, naturellement, il niait tout en bloc. Il se disait tuberculeux et prétendait qu'il aurait été incapable de fabriquer une bombe, qu'il ne savait même pas ce que c'était.

Il bénéficiait effectivement d'une pension à cause d'une maladie pulmonaire, mais il ignorait qu'en perquisitionnant chez lui nous avions trouvé de la schneidérite [3] et son livret militaire. Le document indiquait que pendant son service, effectué comme soldat appelé dans le génie, il avait été artificier. Ainsi, la dérive du système avait amené l'armée française à former un technicien en explosifs qui opérait en toute quiétude, subventionné par l'Assistance publique.

Je n'ai pas eu recours à la torture. Je lui ai juste montré le livret en lui demandant si c'était bien le sien. En voyant ce document, l'homme eut un sursaut. Il finit par avouer qu'il lui était arrivé, occasionnellement, de fabriquer des bombes mais qu'il ne le faisait plus. Je lui montrai les produits qui avaient été trouvés chez lui. Il me dit qu'il n'était qu'un ouvrier, qu'il n'était pas concerné par ce que les engins devenaient après qu'il les avait fabriqués, qu'il ne faisait pas de politique. Ce n'était pas lui qui amorçait les bombes ni qui choisissait les cibles. Il n'avait aucune part de responsabilité. Là, j'en savais assez pour qu'il soit exécuté et j'aurais préféré que l'interrogatoire s'arrête.

Mais je voulais savoir avec qui il était en contact, qui lui donnait des ordres et quel était l'objectif des bombes qu'il venait de préparer. Des indices mon-

---

3. Explosif utilisé par le FLN.

traient qu'il connaissait plusieurs responsables, qu'il avait des informations sur les cibles choisies. L'interrogatoire avait lieu dans un petit hangar désert. Je ne disposais que d'un robinet et d'un tuyau d'arrosage. L'homme était assis sur une chaise et moi j'étais assis en face de lui.

Il me fixa droit dans les yeux, avec un petit sourire de défi.

Lorsque j'ai compris qu'il ne voulait pas parler, j'ai décidé d'avoir recours à l'eau et j'ai fait signe à mes hommes : ils lui lièrent les mains derrière le dos et lui enfoncèrent le tuyau dans la bouche. L'homme suffoqua et se débattit. Il ne voulait toujours pas parler. Il se doutait bien qu'on l'exécuterait de toute façon et, tant qu'à faire, il ne trahirait personne. Il avait dû se préparer depuis longtemps à cette situation, comme moi, autrefois, quand je partais en mission. Mais je ne m'en étais jamais pris à des civils, je ne m'en étais jamais pris à des enfants. Je combattais des hommes qui avaient fait des choix.

Je ne voulais pas lui promettre qu'il aurait la vie sauve. Ce n'était pas vrai. Même si je le libérais, il était foutu. Il n'avait donc rien à perdre.

Je repensai à Philippeville, aux prêtres qui étaient revenus de la mine d'El-Halia et qui pleuraient. Pourtant, ils en avaient vu d'autres. Nous avions dû leur donner du whisky pour qu'ils retournent ramasser les morceaux d'enfants dans l'espoir de reconstituer les corps sur des draps.

— On lui met le mouchoir ?

— Mettez-lui le mouchoir. Mais allez-y doucement.

Un sous-officier lui mit le tissu sur le visage. Un

autre l'arrosa avec de l'eau pour empêcher l'air de passer. Ils attendirent quelques secondes.

Quand on retira le mouchoir, l'homme était mort.

Je sortis pour aller chercher le médecin, avec lequel je m'entendais bien. Nous avions été dans le même lycée à Bordeaux.

— Je parlais avec ce prisonnier et il a eu un malaise, lui dis-je sans conviction. Il m'a dit qu'il était tuberculeux. Tu peux le soigner ?

— Tu parlais avec lui ! Il est trempé. Tu te fous de ma gueule ?

— Je ne me permettrais pas.

— Mais il est mort !

— Ça se peut, fis-je d'une voix sans timbre. Mais quand je suis venu te chercher, il était encore en vie.

Comme il insistait, j'ai fini par exploser :

— Et alors ? Tu veux que je te dise que je l'ai tué ? Ça t'arrangerait que je te dise ça ? Tu crois que ça me fait plaisir ?

— Non, mais pourquoi tu es venu me chercher puisqu'il est mort ?

Je ne répondis rien.

Le toubib finit par comprendre. Si je l'avais appelé, c'était simplement parce que je voulais qu'il envoie le type à l'hôpital, qu'il me débarrasse de ce corps que je ne voulais plus voir.

Ben M'Hidi

À Alger, dans l'après-midi du dimanche 10 février 1957, deux terribles déflagrations retentirent à quelques minutes d'intervalle. En plein match deux bombes avaient disloqué les tribunes du stade municipal et du stade d'El-Biar, faisant onze morts et cinquante-six blessés graves, mutilés pour la plupart.

Le lendemain, au moment où l'on exécutait Fernand Iveton, Massu nous prit à partie, Trinquier et moi, comme si nous étions à l'origine de l'attentat :

— Qu'est-ce que j'apprends encore, bande de salauds : cette fois vous m'avez foutu des bombes !

Massu s'exprimait de manière synthétique. Nous étions là pour éliminer le FLN. Donc, s'il y avait des bombes, c'était notre faute. Nous comprenions d'ailleurs notre mission de la même manière. D'où l'absence d'états d'âme pour l'accomplir.

Ces attentats renforcèrent notre détermination et, moins d'une semaine plus tard, dans la nuit du 15 au

16 février, Ben M'Hidi fut arrêté. Nous avions obtenu son adresse, qui relevait du secteur du régiment Bigeard, le 3ᵉ RPC, et c'est Jacques Allaire, l'officier de renseignements de cette unité, qui s'était chargé de l'opération. Cette information capitale resta secrète pendant une semaine.

Ben M'Hidi était, sans aucun doute possible, le commanditaire de tous les attentats et le principal protagoniste de la bataille d'Alger en sa qualité de numéro un du CCE (Comité de coordination et d'exécution) créé pour remplacer l'équipe de Ben Bella.

Bigeard mit son prisonnier en confiance et le traita avec égards.

Ils bavardèrent des nuits entières en tête à tête, buvant du café. Bigeard eut l'idée d'exploiter la rivalité ancienne qui opposait Ben M'Hidi et Ben Bella. Il suffisait de prononcer l'éloge appuyé de Ben Bella et de faire comme si Ben M'Hidi n'était qu'un remplaçant provisoire. Alors, le prisonnier se mettait à parler, sans même s'en rendre compte. Bigeard jouait les sceptiques. Ben M'Hidi était obligé d'en rajouter et donnait, malgré lui, des détails susceptibles de prouver qu'il était bien à la tête du FLN. Il n'évoquait que le domaine qu'il estimait mineur : le système de ravitaillement et l'organisation logistique du FLN. Mais ses informations étaient de premier ordre.

Bigeard et Ben M'Hidi comparaient leurs troupes, leurs systèmes, comme deux vieux camarades. Bigeard finit par se laisser prendre à ce jeu et ressentit sûrement de l'amitié pour le chef du FLN qui, évidemment, ne fut jamais torturé. Cette relation de confiance entre les deux hommes pouvait conduire à d'insolubles problèmes. Bigeard disait qu'il fallait utiliser Ben M'Hidi, qu'il saurait le convaincre. Massu était ennuyé.

La manière dont Ben M'Hidi était traité n'était pas du goût de tout le monde. Massu avait nommé à son état-major le juge Bérard, dont le bureau se trouvait tout près du mien et que je voyais souvent à la préfecture. Ce juge d'instruction, on s'en souvient, avait pour mission de tenir le cabinet de François Mitterrand, le garde des Sceaux, directement informé de ce que nous faisions, sans avoir à passer par le parquet.

Bérard était très excité à l'idée de cette arrestation et ne cessait pas de m'en parler.

— Mais qu'est-ce qu'on va bien pouvoir en faire, de ce Ben M'Hidi ? me demanda-t-il un matin.

— Ce qu'on va en faire, ça m'est bien égal. Ce n'est pas moi qui l'ai arrêté et ce n'est pas mon affaire. Ça regarde Bigeard.

— Mais il ne vous arrive pas de vous en occuper un peu tout de même ?

— Pourquoi donc ?

— Je voulais juste savoir si vous l'aviez fouillé.

— Ce n'est pas à moi de faire ça.

— C'est bien ce que je pensais : si vous ne l'avez pas fouillé, vous ne lui avez pas enlevé sa pilule de cyanure.

— Qu'est-ce que vous racontez ?

— Voyons, fit Bérard en appuyant bien chacun de ses mots, ce n'est pas à vous que j'apprendrai ça : tous les grands chefs ont une pilule de cyanure. C'est connu.

Ce que me demandait Bérard, qui représentait la Justice, ne pouvait pas être plus clair. Je lui répondis donc sur le même ton :

— Et à supposer qu'on le fouille, monsieur le juge, et qu'on ne trouve pas de pilule de cyanure : au point où nous en sommes, vous avez peut-être une idée de la boutique qui en vend car, voyez-vous, on a oublié d'en mettre dans mon paquetage.

Le magistrat resta imperturbable.

— Alors ça, mon vieux, vous vous débrouillez. Vous êtes un professionnel.

J'allai voir le docteur P., un chirurgien que Mayer et moi connaissions bien. Je savais qu'il était de toute confiance. Je dus lui expliquer que nous étions à la recherche de cyanure pour permettre à un haut dignitaire du FLN de se suicider. Il griffonna aussitôt un nom et une adresse sur un bristol.

— Allez-y de ma part. On vous donnera ce qu'il faut.

Muni de cette étrange ordonnance, je me rendis à l'adresse indiquée, une pharmacie d'Alger.

Le pharmacien, un pied-noir, eut un léger sourire quand je lui fournis les explications qui s'imposaient.

— Et vous êtes pressé ?

— Non, non. Pas du tout. Absolument pas, fis-je d'un air absent.

— Alors, repassez demain matin de bonne heure.

Le lendemain, il me tendit une bouteille de poison d'environ 75 cl.

— Mais ce n'est pas une bouteille qu'il me faut, c'est une pilule ! Je ne vais pas lui donner à boire !

— Démerdez-vous, c'est tout ce que j'ai. Vous n'avez qu'à bien le tenir : vous verrez, ça ne pardonne pas.

J'ai longtemps gardé cette bouteille dans notre

bureau de la préfecture qui était tout près de celui du préfet Baret. Ceux qui passaient savaient qu'il s'agissait de poison et c'était devenu un sujet de plaisanterie :

— Alors, Aussaresses, toujours prêt à payer un coup !

Garcet avait pris un malin plaisir à la poser à côté d'un des flacons de scotch qu'il avait rapportés d'Égypte. Pour sa plus grande joie, un visiteur, qu'on avait laissé se servir à boire, choisit la mauvaise bouteille et Garcet ne le prévint qu'in extremis.

Un matin, je me suis rendu au PC de Bigeard, à El-Biar, pour rencontrer Ben M'Hidi. Bigeard était avec son adjoint Lenoir. On fit venir le chef du FLN.

Un soldat apporta du café au lait pour tout le monde.

Bigeard voulait me prouver qu'il avait la situation en main et qu'il avait gagné la confiance de son prisonnier.

L'atmosphère se voulait très détendue, mais Bigeard était nerveux. Il savait qu'il devait me convaincre que Ben M'Hidi était prêt à collaborer. Ça n'avait aucun sens, puisque les ordres étaient de liquider les chefs du FLN et que j'étais là pour ça. Je pensais que Bigeard perdait les pédales.

— Alors Ben M'Hidi, qu'est-ce que tu penses de mon régiment ?

— Je pense qu'il vaut bien trois cent mille hommes, fit l'autre en souriant.

— Et ton arrestation, tu en penses quoi ?

Ben M'Hidi ne savait pas quoi répondre. Bigeard

décida d'abattre une dernière carte. Il précisa sa question :

— Tu n'as pas comme l'impression d'avoir été trahi ?

— Et par qui j'aurais été trahi ?

— Eh bien, par tes camarades du CCE. Après tout, les autres sont kabyles, alors que toi, tu es un Arabe.

Ben M'Hidi comprit que Bigeard voulait lui sauver la vie. Il eut un sourire désolé.

— Je n'ai pas été trahi, mon colonel.

Bigeard perdit légèrement son sang-froid.

— Alors, tu penses que nous avons fait comment pour t'avoir ?

— Vous avez eu de la chance, c'est tout.

La vérité, c'était que nous avions pris en filature le fils du milliardaire Ben Tchicou, qui avait une énorme affaire de tabac à Alger et gérait l'argent du FLN. Arrêté, Ben Tchicou junior avait déballé tout ce qu'il savait, dont l'adresse de Ben M'Hidi.

Bigeard essaya encore de tendre une perche au prisonnier :

— Et pourquoi ne pas travailler pour nous ? Si tu te rapprochais de la France, tu ne crois pas que ça pourrait être utile à ton pays ?

— Non, je ne crois pas.

— Eh bien, tu penses ce que tu veux, mais moi je crois à une plus grande France, conclut Bigeard en haussant les épaules.

Ben M'Hidi ne souhaitant pas collaborer, Bigeard ne pouvait ignorer les conséquences de ce refus.

Les hommes de la PJ, Parat et Gévaudan, le voulaient absolument. Mais Bigeard refusait catégoriquement de le livrer à ces policiers, pensant qu'ils l'auraient certainement torturé. Parat disait que l'on pouvait inculper Ben M'Hidi pour le meurtre d'adversaires du FLN dans l'Ouest algérien. Aurait-il avoué ? Nous savions que Ben M'Hidi, ès qualités, était le responsable de la plupart des attentats. Il méritait l'échafaud, et plutôt dix fois qu'une. Cependant, il n'était pas certain qu'il soit condamné.

Le 3 mars 1957, nous en avons longuement discuté avec Massu en présence de Trinquier. Nous sommes arrivés à la conclusion qu'un procès Ben M'Hidi n'était pas souhaitable. Il aurait entraîné des répercussions internationales. D'autre part, il fallait gagner du temps. C'était tout le CCE que nous espérions épingler. Ben M'Hidi n'avait pas trahi ses camarades mais nous avions trouvé de précieuses informations dans les papiers découverts chez lui.

— Alors qu'en pensez-vous ? me demanda Massu.

— Je ne vois pas pourquoi Ben M'Hidi s'en tirerait mieux que les autres. En matière de terrorisme, je ne suis pas plus impressionné par le caïd que par le sous-fifre. Nous avons exécuté plein de pauvres diables qui obéissaient aux ordres de ce type, et voilà que nous tergiversons depuis bientôt trois semaines ! Juste pour savoir ce que nous allons en faire !

— Je suis entièrement d'accord avec vous, mais Ben M'Hidi ne passe pas inaperçu. On ne peut pas le faire disparaître comme ça.

— Pas question de le laisser à la PJ. Ils se font fort de le cuisiner pour le faire parler mais je l'ai vu et je suis sûr qu'il ne dira rien. S'il y a un procès et qu'il n'a rien avoué, il risque de s'en sortir et tout le FLN avec lui.

Alors, laissez-moi m'en occuper avant qu'il ne s'évade, ce qui nous pend au nez si nous continuons à hésiter.

— Eh bien, occupez-vous-en, me dit Massu en soupirant. Faites pour le mieux. Je vous couvrirai.

Je compris qu'il avait le feu vert du gouvernement.

C'est moi qui ai récupéré Ben M'Hidi la nuit suivante à El-Biar. Bigeard avait été prévenu que je prendrais en charge son prisonnier. Il s'était arrangé pour s'absenter.

Je suis arrivé avec des Jeep et un Dodge. J'avais une douzaine d'hommes de ma première équipe, armés jusqu'aux dents.

C'était le capitaine Allaire qui était de service. Il avait fait aligner un petit groupe de combat. Je lui ai demandé d'aller chercher Ben M'Hidi et de me le remettre.

— Présentez, armes ! a commandé Allaire au moment où Ben M'Hidi, qu'on venait de réveiller, est sorti du bâtiment.

Alors, à ma grande surprise, le groupe de parachutistes du 3e RPC a rendu les derniers honneurs au chef vaincu du FLN. C'était l'hommage de Bigeard à celui qui était devenu son ami. Ce geste spectaculaire et quelque peu démagogique ne me facilitait pas la tâche. Je l'ai même trouvé très déplacé. C'est bien entendu à ce moment-là que Ben M'Hidi a compris ce qui l'attendait.

Je l'ai fait monter précipitamment dans le Dodge.

Nous avons roulé à toute allure. Une embuscade destinée à libérer Ben M'Hidi était toujours possible. J'avais donné des consignes très strictes au sous-officier qui était préposé à la garde du leader FLN et se trouvait dans la même voiture que lui :

— Si nous sommes attaqués, tu l'abats immédiatement. Même si nous nous en sortons, tu tires sur lui sans hésiter !

Nous nous sommes arrêtés dans une ferme isolée qu'occupait le commando de mon régiment. C'était à une vingtaine de kilomètres au sud d'Alger, à gauche près de la route. La ferme avait été mise à notre disposition par un pied-noir. Le bâtiment d'habitation était modeste et ne comprenait qu'un rez-de-chaussée. Ma seconde équipe m'attendait là-bas.

Le commando du 1er RCP comprenait une vingtaine d'hommes. Certains étaient des appelés. Mais des hommes de confiance. Le capitaine Allard, dit Tatave, en était le responsable. Il m'était très dévoué et je lui avais expliqué ce qui allait se passer. De ce fait, l'officier présent était briefé. Je lui ai dit qu'il fallait que ses hommes aménagent un coin pour installer Ben M'Hidi. La ferme ne s'y prêtait pas. Il fallait donner un coup de balai, déplacer des bottes de paille.

Pendant ce temps, nous avons isolé le prisonnier dans une pièce déjà prête. Un de mes hommes se tenait en faction à l'entrée.

Une fois dans la pièce, avec l'aide de mes gradés, nous avons empoigné Ben M'Hidi et nous l'avons pendu, d'une manière qui puisse laisser penser à un suicide. Quand j'ai été certain de sa mort, je l'ai tout de suite fait décrocher et transporter à l'hôpital.

Conformément à mes ordres, le sous-officier chargé de le transporter avait laissé tourner le moteur de la voiture qu'il avait garée de façon à pouvoir démarrer en trombe et sans donner d'explications dès que le médecin de service aux urgences arriverait.

Il était à peu près minuit.

J'ai appelé aussitôt Massu au téléphone :

— Mon général, Ben M'Hidi vient de se suicider. Son corps est à l'hôpital. Je vous apporterai mon rapport demain matin.

Massu a poussé un grognement et a raccroché. Il savait bien que mon rapport était prêt depuis le début de l'après-midi, histoire de gagner un peu de temps.

Ce rapport, le juge Bérard avait été le premier à le lire. Il décrivait dans les moindres détails le suicide qui se produirait la nuit suivante.

Bérard était impressionné :

— Mais c'est très bon, ça ! Mais vous savez que ça tient l'eau !

En fait, le rapport ne tint pas l'eau très longtemps. Quelques jours plus tard, Massu me fit venir à son bureau.

— Aussaresses, je suis dans la merde. Je dois me présenter devant Reliquet, le procureur général.

— Quoi ! Il a osé vous convoquer !

— Oui, pour parler du suicide de Ben M'Hidi.

— C'est une inqualifiable grossièreté. Du fait de votre position, vous ne pouvez pas déférer à cette convocation. C'est moi qui irai, puisque je vous représente auprès des autorités judiciaires.

Je me suis donc rendu chez le magistrat.

— Monsieur le procureur général, je représente le général Massu. Du fait de mes fonctions, je suis très au courant des circonstances du décès de Ben M'Hidi.

J'ai d'ailleurs rédigé moi-même le rapport dont vous avez dû prendre connaissance.

Le magistrat écumait de rage.

— Oui, c'est ça ! Parlons-en de votre rapport ! Ce que vous dites dans ce compte rendu, ce sont des allégations. De simples allégations. Pas des preuves. Vous auriez quoi pour prouver ce que vous avancez, vous les militaires ?

— Notre bonne foi.

Je crois que si j'avais giflé Reliquet, ça ne lui aurait pas fait plus d'effet que cette réponse.

— Votre bonne foi ! a-t-il répété en s'étranglant. Votre bonne foi de militaires. Des militaires candides, c'est ça ?

J'ai remis mon béret, j'ai salué en claquant des talons et je suis sorti.

Nous n'avons plus jamais entendu parler du procureur général. La mort de Ben M'Hidi a porté un coup décisif au FLN d'Alger. Les attentats sont devenus moins fréquents et le gros des rebelles a commencé à se replier dans l'Atlas blidéen.

Il nous est arrivé d'utiliser à nouveau la ferme où Ben M'Hidi avait été exécuté. J'avais demandé au commando d'y creuser une fosse et une vingtaine de corps, dont celui d'une femme, y ont été ensevelis.

Maître Boumendjel

Le 2ᵉ RPC, commandé par Fossey-François, fut informé du meurtre de trois Français. Un jeune couple et leur bébé avaient été abattus au sud d'Alger alors qu'ils se déplaçaient sur un deux-roues. Les meurtriers, des voyous musulmans, furent dénoncés par d'autres musulmans. Les prisonniers furent interrogés par D., l'OR du régiment.

Avant d'être exécutés, les tueurs à gages avouèrent que cet assassinat avait été ordonné et financé par un très brillant avocat algérois, Ali Boumendjel, qui voulait, par cette action spectaculaire, substituer une légende de terroriste à l'image d'intellectuel mondain qui lui collait à la peau. Comme d'autres leaders du FLN, et notamment Yacef Saadi, Boumendjel était exaspéré par la popularité du truand Ali-la-Pointe qui commençait à passer pour le Robin des Bois algérien et échappait régulièrement à nos patrouilles en s'habillant en femme.

Boumendjel était fiché. Nous savions que c'était un sympathisant du FLN. Mais, compte tenu de son impressionnant carnet d'adresses, où figuraient plusieurs membres du gouvernement qui jouaient double jeu, il était resté jusque-là intouchable. Son arrestation, intervenue quelques jours avant celle de Ben M'Hidi, fit donc grand bruit. Maître Boumendjel avait un frère, également avocat, qui eut tôt fait d'alerter et de mettre en effervescence le microcosme parisien.

Après avoir feint de se suicider, ce qui lui avait valu un séjour à l'hôpital, Boumendjel avait révélé sans difficulté — et sans qu'il soit nécessaire de le soumettre au moindre sévice — son rôle dans l'attentat qui lui était reproché et pour lequel il avait même fourni son arme personnelle, un pistolet 7,65. Il avait également précisé qu'il jouait un rôle effectif et important au FLN. D'abord parce qu'il était un des responsables de l'organisation d'Alger, ensuite parce qu'il était chargé des contacts entre le FLN et les pays qui le soutenaient. Il était ainsi investi d'une véritable fonction de ministre des affaires étrangères officieux de la rébellion.

Comme Boumendjel était un notable, plus d'une semaine après qu'il fut passé aux aveux, aucune décision n'avait encore été prise à son sujet et il était toujours aux mains du 2ᵉ RPC. Compte tenu de sa notoriété, la solution la moins risquée était évidemment de transférer l'avocat à la Justice, ce qui lui garantissait l'impunité. Nous ne pouvions guère retenir contre lui que le minimum : le fait d'avoir fourni une arme. Il y avait bien une complicité avouée d'assassinat, mais il ne faisait guère de doute que, sitôt présenté à un juge d'instruction, il se rétracterait et serait remis en liberté après que son frère aurait passé quelques appels téléphoniques.

Il fallait prendre une décision. Le 23 mars 1957, nous avons longtemps délibéré avec Fossey-François, Trinquier et Massu, pour savoir ce que nous allions faire d'Ali Boumendjel.

À mes yeux, malgré ses hautes relations qui ne m'impressionnaient guère, l'avocat n'était que le vulgaire commanditaire d'un assassinat révoltant dont les exécutants avaient déjà été passés par les armes. La cause me paraissait entendue sur ce seul motif.

Comme la conversation tournait en rond, je me suis impatienté et j'ai fini par me lever pour sortir. Alors, Massu s'est tourné vers moi et m'a regardé dans les yeux avec insistance :

— Aussaresses, j'interdis qu'il s'évade ! Compris ?

À ces mots, je me suis directement rendu à El-Biar, boulevard Clemenceau, où Boumendjel était détenu.

Il y avait plusieurs bâtiments. Certains de ces bâtiments étaient reliés entre eux par des passerelles au niveau des terrasses du sixième étage. La cellule de Boumendjel était au rez-de-chaussée.

Je suis passé au bureau du lieutenant D., qui sembla étonné de me voir :

— Qu'est-ce que je peux faire pour vous, mon commandant ?

— Eh bien voilà, D. : je viens d'assister à une longue réunion, en présence du général Massu. Mon sentiment, à la sortie de cette réunion, c'est qu'il ne faut absolument pas laisser Boumendjel dans le bâtiment où il se trouve actuellement.

— Et pourquoi donc ?

— Pour différentes raisons. Par exemple, parce qu'il pourrait s'évader. Imaginez un peu ! Massu serait furieux si cela arrivait.

— Où faut-il le mettre, alors ?

— J'ai bien réfléchi à la question. Le mieux serait de le transférer dans le bâtiment voisin. Mais attention ! Pour effectuer ce transfert, il ne faut surtout pas que vous passiez par le rez-de-chaussée, ce qui attirerait trop l'attention.

D. écarquillait les yeux et ne comprenait pas où je voulais en venir, même s'il commençait, sans doute, à le deviner.

— Mon commandant, expliquez-moi exactement ce que je dois faire.

— Très simple : vous allez chercher votre prisonnier et, pour le transférer dans le bâtiment voisin, vous empruntez la passerelle du 6e étage. J'attends en bas que vous ayez fini. Vous me suivez mieux maintenant ?

D. hocha la tête pour me montrer qu'il avait compris. Puis il disparut.

J'ai attendu quelques minutes.

D. est revenu, essoufflé, pour m'annoncer que Boumendjel était tombé. Avant de le précipiter du haut de la passerelle, il l'avait assommé d'un coup de manche de pioche derrière la nuque.

J'ai sauté dans ma Jeep. Je suis retourné voir Massu et les autres qui discutaient encore.

— Mon général, vous m'avez dit qu'il ne fallait pas que maître Boumendjel s'évade. Eh bien, il ne s'évadera pas parce qu'il vient de se suicider.

Massu, comme à l'accoutumée, poussa un grognement et je quittai les lieux.

La mort de Boumendjel eut un incroyable retentissement et fit couler beaucoup d'encre. On atteignit les
sommets de l'hypocrisie, puisque le gouvernement,
comme il est d'usage en des circonstances analogues,
exigea à grand bruit toutes sortes d'enquêtes et de
rapports. On en débattit jusque dans l'hémicycle de
l'Assemblée.

J'étais parfaitement informé des campagnes qui
étaient menées par l'intelligentsia parisienne contre la
torture et qui mettaient en cause l'armée française. Je
n'y voyais évidemment qu'une manière de soutenir
l'action du FLN.

Or ce « suicide », qui ne trompa pas les mieux
informés, était justement un avertissement pour le
FLN et pour ses sympathisants. Au début, nous flin-
guions les seconds couteaux. Là, il s'agissait d'un
notable. Beaucoup de gens comprenaient que Boumendjel était lié à des personnalités de métropole dont
certaines jouaient sûrement un rôle actif et important
dans la rébellion algérienne.

D'un notable musulman à un notable français, il n'y
avait qu'un pas et j'étais bien décidé à le franchir.
Trinquier partageait mon point de vue.

Les différentes autopsies et contre-autopsies qui
furent ordonnées révélèrent que Boumendjel était mort
« par écrasement » et que son corps ne portait aucune
trace de violences. On ne me mit évidemment jamais
en cause et D. s'en tint, quant à lui, à la version offi-

cielle, celle de l'inexplicable suicide de l'avocat algérois.

C'est au moment de la mort de Boumendjel et des réactions hystériques qu'elle a entraînées dans les milieux favorables au FLN en métropole que j'ai commencé à vraiment songer aux porteurs de valises [1]. Il n'y avait pas de raison de les traiter avec plus d'égards que les musulmans. La bataille d'Alger était presque gagnée. Pour en finir avec le FLN, il fallait aussi opérer sur l'Hexagone.

---

1. Ainsi appelait-on les Français qui se dévouèrent pour transporter là où c'était nécessaire, et notamment en Algérie, l'argent que le FLN récoltait en France.

Une bataille gagnée

Au printemps, *Le Monde* pouvait titrer en une : « La bataille d'Alger, une bataille gagnée [1]. » Ce n'était pourtant pas tout à fait vrai.

Certes, le FLN était battu à Alger. Nous le savions. Tout simplement parce qu'il ne se passait plus rien. Il n'y avait plus d'attentats spectaculaires et les arrestations se faisaient plus rares. Certaines nuits, nous rentrions bredouilles. Alger était devenu un lieu trop malsain pour les rebelles qui préféraient se réfugier dans l'Atlas. J'avais même intercepté une lettre écrite en français par un chef fellagha :

« Mon cher frère, je suis obligé de quitter la Casbah parce que, pour le moment, Massu a gagné. Il ne perd rien pour attendre, le salaud ! »

Je montrai fièrement ce courrier et l'article du *Monde*

---

1. L'article était signé par Eugène Mannoni.

à Massu qui décida de nous présenter à Lacoste, Trinquier et moi, ce qui fut fait.

Cependant, les chefs du FLN n'avaient pas tous quitté Alger. Pour la plupart, ces citadins marginaux n'étaient vraiment pas décidés à partir dans le djebel. Ils vivotaient souvent grâce à des petits métiers, des petits larcins qui leur interdisaient de s'éloigner. Ils ne s'en iraient que s'ils ne pouvaient plus faire autrement. Il fallait donc les traquer tant qu'ils n'étaient pas trop loin.

Nous n'avions qu'à suivre les pistes que nous traçaient certaines professions particulièrement sensibles : les maçons, par exemple. Bigeard en avait dressé la liste, grâce aux informations et aux registres fournis par la préfecture. Les maçons étaient en effet très sollicités pour fabriquer des caches d'armes et dissimuler des charges explosives qui, souvent, étaient emmurées. Nous faisions des contrôles. Lorsqu'on trouvait un maçon chômeur depuis longtemps dont les mains révélaient pourtant qu'il venait de travailler, cela faisait un suspect de plus.

C'est au moment où la bataille d'Alger semblait gagnée que le colonel Godard refit soudain surface. On ne l'avait jamais vu à la préfecture pendant la période aiguë, mais lorsqu'il apprit que Massu m'avait chargé de préparer des propositions de citations pour la croix de la valeur militaire, il n'hésita pas à venir me voir.

Le prétexte de cette visite était que je fasse obtenir une citation à un commissaire de police dont je n'avais jamais entendu parler.

— Vous comprenez, ça me serait utile, précisa mielleusement Godard.

— Si cette citation vous est aussi utile que vous le dites, jetai-je sèchement, faites-la donc vous-même et ne me demandez plus rien.

Cette réponse n'améliora évidemment pas nos relations.

Un seul dossier me préoccupait encore : celui du Parti communiste algérien, que nous avions laissé à peu près tranquille depuis l'affaire du bazooka. J'étais sûr que les communistes continuaient à intervenir activement dans la fabrication de bombes qui exploseraient sûrement un jour. Par ailleurs, le journal clandestin *La Voix du soldat* poursuivait la diffusion de son insidieuse propagande.

Massu, en accord avec les régiments, avait décidé d'alléger le dispositif militaire en place dans la ville. Il n'y aurait plus désormais qu'un seul régiment à la fois, et chaque unité assurerait son tour de permanence. De ce fait, le secteur Alger-Sahel, commandé par Marey, prit une certaine importance.

Vers le mois d'avril, Suzanne Massu effectua un voyage à Paris. Là-bas, elle avait accès aux milieux influents de la société civile et on lui fit comprendre que son mari serait bien avisé de moins persécuter le FLN. A son retour, Suzanne décrivit à son époux l'état d'esprit de la capitale. Massu était embarrassé et nous appela, Trinquier et moi, pour nous confier ses préoccupations et les doutes qui lui venaient. Nous en discutâmes longuement.

— Vous comprenez bien, dit Massu, là-bas tout le monde est réticent.

— Réticent à propos de quoi ? demandai-je.

— À propos de notre action.

— Eh bien, tant pis : vous n'êtes pas à Paris, vous êtes à Alger. À Paris, les gens se moquent de ce qui se passe ici. Et vous, qui êtes à Alger, avec la mission d'y rétablir l'ordre, vous n'avez pas à vous soucier de ce qu'on pense là-bas.

Mme Massu avait une grande influence sur le général. Notamment pour protéger les femmes du FLN, qui, d'ailleurs, étaient peu nombreuses mais dont le rôle était redoutable. Elle estimait que la clémence à l'égard de certaines poseuses de bombes servirait peut-être à gagner la sympathie des femmes algériennes. Ainsi obtint-elle que Djemila Bouhired [2], une étudiante en droit, arrêtée le 9 avril 1957 et convaincue d'avoir participé à de nombreux attentats, fût soustraite au processus normal d'action répressive. En clair, elle redoutait que Djemila Bouhired ne fût envoyée à la villa des Tourelles. Car beaucoup de gens savaient, et Suzanne Massu mieux que personne, qu'aucun terroriste qui entrait là-bas n'avait aucune mansuétude à espérer de ma part, quels que soient son sexe, son origine ou sa religion. La jeune femme fut confiée au capitaine Jean Graziani, l'adjoint de Le Mire au 2e bureau, que Suzanne Massu tenait pour gentil garçon.

---

2. Djemila Bouhired, sans subir la moindre violence, révéla l'existence d'une importante cache de bombes.

Djemila Bouhired eut beaucoup de chance car je n'aurais pas hésité une seconde à l'exécuter [3].

Graziani était loin d'être un tendre, mais il joua le jeu et s'occupa de sa prisonnière avec une grande courtoisie. Prévenant, il allait lui acheter des vêtements, l'emmenait dîner à la popote de la division sous les regards incrédules des autres officiers.

Grâce à l'intervention de Suzanne Massu, les femmes du FLN furent presque systématiquement livrées à la justice régulière. C'est ainsi qu'à la fin de la bataille d'Alger, alors que j'avais déjà regagné mon unité, j'ai appris qu'une femme médecin avait été arrêtée dans un maquis le jour même où l'un de nos officiers avait été sauvagement assassiné. Massu avait pris la peine d'envoyer un hélicoptère pour évacuer la prisonnière.

Pour moi, ce n'était pas le moment de mollir. Il fallait au contraire en finir et neutraliser les soutiens dont le FLN pouvait bénéficier à partir de la France. Ensuite, je m'occuperais du PCA.

Je me voulais d'autant plus énergique que je commençais à envisager le terme de cette mission. Dans mon esprit, tout devait être fini pour moi avant l'été. J'en touchai d'ailleurs deux mots à Massu. Il ne voyait pas d'inconvénient à mon départ, à condition que je me sois trouvé un remplaçant. Ce n'était pas simple car tout le monde savait que ma mission était très difficile. Le moins que l'on puisse dire, c'est que

---

3. Djemila Bouhired, condamnée à mort le 15 juillet 1957, ne fut jamais exécutée. Libérée, elle épousa son avocat, Me Jacques Vergès, avec lequel elle eut plusieurs enfants. Après leur divorce, elle ouvrit un commerce à Alger.

je ne faisais pas de jaloux. Si l'on avait battu le tambour dans les régiments pour me chercher un successeur, je suis sûr qu'on n'en aurait pas trouvé. C'est donc le plus discrètement du monde que je me mis en campagne pour solliciter quelques camarades. Tous refusèrent.

Nous étions au mois de mai 1957. Je passais beaucoup de temps à la préparation minutieuse des actions que j'entendais mener dans l'Hexagone. Nous en discutions avec Trinquier.

J'avais monté dans les moindres détails une opération visant à liquider Ben Bella et ses camarades du CCE [4]. Ben Bella serait, sans nul doute, appelé à jouer un rôle décisif si le FLN obtenait gain de cause. Son élimination aurait entraîné des luttes intestines terribles. Mon analyse rejoignait celle du gouvernement, et en particulier de Max Lejeune, Bourgès-Maunoury [5] et Lacoste.

Après leur arrestation, en octobre 1956, Ben Bella et ses compagnons avaient été emmenés en France. Pour des raisons de sécurité, Mitterrand ne les avait pas gardés dans la prison où ils étaient censés se trouver. Dans le plus grand secret, il les avait fait mettre à l'écart, en province, dans un lieu sûr et sous bonne garde.

J'avais obtenu toutes les informations utiles sur les conditions de détention du leader FLN et de ses amis, qui, sans être luxueuses, n'étaient pas désagréables.

---

4. Ait Ahmed Hocine, Mohamed Khider, Mohamed Boudiaf, Mustapha Lacheraf.
5. Ministre de la Défense.

J'avais pu ainsi reconstituer le plan de la maison où ils se trouvaient. Il fallait juste que Massu accepte de déléguer cinq ou six de mes hommes à la garde de Ben Bella pendant une semaine, ce que je me faisais fort d'obtenir. Je ne doutais pas de pouvoir le convaincre. Pour le reste, il n'aurait à s'occuper de rien. J'avais opté pour un accident dû au gaz. La déflagration soufflerait les bâtiments et nous disparaîtrions. Pour cette opération, je serais intervenu moi-même, avec l'aide, bien entendu, des équipes que j'avais formées. J'avais monté ce plan en considérant que la bataille d'Alger était terminée. J'avais tout le temps de m'absenter quelques jours.

Je voulais d'autre part porter un coup définitif au FLN en m'en prenant à ses circuits financiers, donc à ses porteurs de valises. J'avais des interlocuteurs officieux à Paris et mes équipes d'Alger étaient prêtes a agir avec moi dans la clandestinité.

L'argent, comme on sait, est le nerf de la guerre. C'était une chose de couler les bateaux qui approvisionnaient en armes le FLN ou de piéger les trafiquants d'armes comme le Service Action le faisait depuis trois ans. Mais il était encore plus efficace d'empêcher le FLN de prélever et de recevoir de l'argent pour acheter ces armes. L'essentiel des fonds recueillis venait en effet de France. C'était l'argent de tous les ouvriers et commerçants algériens qui étaient purement et simplement rackettés sur le territoire métropolitain. Ceux qui refusaient de payer étaient égorgés ou abattus d'une rafale de mitraillette avec la bénédiction de certains Français favorables à la cause du FLN.

L'argent passait par des réseaux de porteurs de valises de billets. Bien entendu, il arrivait que des valises disparaissent au passage. On savait tout cela mais personne, à Paris, ne s'en préoccupait, à l'exception d'une force spéciale composée de policiers algériens chargés d'agir avec brutalité contre le FLN.

Le réseau de porteurs de valises le plus connu était le réseau Jeanson mais il en existait d'autres, tout aussi efficaces. Il n'y avait pas de réelle volonté politique de les démanteler, puisque le FLN avait l'habileté de ne s'en prendre qu'aux Algériens. L'argent servait à acheter des armes en Belgique, en Suisse et en Tchécoslovaquie. Des armes dont on se servait ensuite contre l'armée française, contre les pieds-noirs et contre les musulmans hostiles au FLN

Une autre partie de cet argent arrivait à Alger Bigeard avait trouvé de très grosses sommes quand il avait interpellé Ben Tchicou. Massu avait envoyé cet argent à des œuvres charitables agissant en métropole au profit de la communauté musulmane.

Il était assez facile d'opérer contre les porteurs de valises. Sûrs de leur bon droit, bénéficiant du soutien d'intellectuels et de journalistes influents, fiers de ce qu'ils faisaient, comme ils le furent encore des années après [6], ils ne se méfiaient pas. Du reste, en France, l'opinion se souciait peu de la guerre d'Algérie, mis à part les musulmans rackettés dans les usines et les parents des appelés qui avaient été envoyés au casse-pipe.

J'avais recueilli des informations précises, tant sur

---

6. Beaucoup ont d'ailleurs été décorés par l'Algérie pour services rendus.

les réseaux de porteurs de valises que sur ceux qui les soutenaient. Il s'agissait de sympathisants tels que Hervé Bourges, Olivier Todd ou Gisèle Halimi, par exemple. Cette dernière était d'ailleurs discrètement venue jusqu'à Alger où elle avait réussi à rencontrer Suzanne Massu qui, elle aussi, avait été avocate. Nous ne l'avions appris qu'au dernier moment. Cela me parut une insupportable provocation et j'étais parti avec Garcet pour l'intercepter. Nous l'avons manquée de peu.

J'avais ainsi établi une liste d'une douzaine de personnes à neutraliser et j'avais élaboré un plan dont j'avais affiné les détails avec Trinquier.

Les opérations prévues devaient être menées à Paris avec une équipe très légère. Les cibles auraient été abattues par balles.

La série d'attentats meurtriers du lundi 3 juin 1957 empêcha l'accomplissement de ces projets. L'action était signée par le FLN. De faux employés de l'EGA [7], envoyés par l'équipe d'Ali la Pointe, piégèrent trois lampadaires proches de trois stations de trolleybus et réglèrent leurs bombes pour l'heure de la sortie des bureaux. Il y eut huit morts, dont trois enfants, et une centaine de blessés. Ces attentats firent autant de victimes musulmanes qu'européennes.

Dans l'après-midi du dimanche suivant, le 9 juin, jour de la Pentecôte, une bombe de deux kilos éclata sous l'estrade de l'orchestre du Casino de la Corniche, un dancing situé à dix kilomètres à l'est d'Alger, près de Pointe-Pescade, et fréquenté exclusivement par des

---

7. Électricité-Gaz d'Algérie.

Européens. L'explosion, d'une rare violence, fit neuf morts et quatre-vingt-cinq blessés. Les musiciens furent pulvérisés. On ne retrouva rien du chef d'orchestre. La chanteuse eut les deux jambes arrachées. De tous les attentats, c'est celui qui me parut le plus spectaculaire et qui me frappa le plus.

Massu était furieux. D'autant que, le surlendemain, l'enterrement des victimes donna lieu à une flambée de violence sans précédent. Il fallut protéger la Casbah pour éviter un bain de sang, peut-être même l'incendie dont on nous avait menacés. Le bilan de la journée fut de six morts et cinquante blessés, pour l'essentiel des musulmans.

Ces attentats, survenus après une période d'accalmie, nous incitèrent à renforcer l'action répressive, en commençant par le PCA. Nous savions, par expérience, qu'il comportait des spécialistes de l'action violente et notamment des chimistes préposés à la fabrication de bombes et des fournisseurs d'armement tels que l'aspirant Maillot.

J'avais été très marqué par la lecture de *Sans patrie ni frontières*, un livre de Jan Valtin, lequel, originaire d'Europe de l'Est, avait été associé de près aux partis communistes. Cette lecture avait renforcé ma conviction selon laquelle dans le phénomène communiste les structures avaient au moins autant d'importance que l'idéologie qu'elles servaient. Ce que je connaissais de l'organisation des partis communistes en général et du PCA en particulier me montrait que les différents services étaient séparés par des cloisons verticales et étanches. De sorte que si le responsable d'un service pouvait, à un haut niveau, côtoyer le responsable d'un autre service, il n'en allait pas forcément de même pour les militants.

Nos recherches se fondaient sur les travaux d'exploitation de renseignements qui avaient été effectués dès le début de la bataille d'Alger, notamment le recensement de la population. De semblables opérations pouvaient être menées par des unités non parachutistes. C'est ainsi que, le 10 juin 1957, un adjudant de CRS qui utilisait des fiches établies d'après les travaux de Roger Trinquier, intercepta, à l'entrée d'Alger, dans le cadre d'un travail de routine, une grosse voiture conduite par un médecin, le docteur Georges Hadjadj. Ce médecin était fiché comme étant susceptible d'exercer un rôle important dans la hiérarchie du PCA.

L'adjudant conduisit le médecin jusqu'à l'OR le plus proche. Le docteur Hadjadj ne fit aucune difficulté pour avouer qu'il était un responsable important, mais il assura qu'il n'avait rien à voir avec les attentats. Il n'était chargé que du service de propagande de son parti.

Il reconnut cependant l'existence d'un Service Action et confirma que le chef en était bien André Moine, ainsi que je m'en doutais depuis janvier. Il avait d'ailleurs eu l'occasion de le croiser lors de réunions, mais il se déclarait incapable de le localiser, comme se déclarait tout aussi incapable de livrer aucun élément plus précis sur ce Service Action.

Georges Hadjadj avoua enfin que, dans le cadre de son travail de propagande, il avait en charge le journal *La Voix du soldat* sur lequel il donna tous les détails que nous pouvions souhaiter Cette révélation ne faisait pas avancer l'enquête sur les poseurs de bombes mais elle me permettait d'atteindre un des objectifs que Massu m'avait assignés.

Le nom de Maurice Audin apparaissait dans les papiers du médecin. Ce nom était par ailleurs sur nos listes.

Hadjadj révéla spontanément que ce jeune professeur de mathématiques, cadre du PCA, mettait sa demeure à la disposition du parti pour y loger des agents. De sorte qu'il pouvait parfaitement héberger un militant du Service Action.

Hadjadj donna l'adresse d'Audin, qui habitait dans le secteur relevant de Charbonnier, ce qui permit aux hommes du 1er RCP d'aller l'appréhender. J'ai naturellement été prévenu de cette arrestation et, aussitôt, je suis passé à l'appartement où Audin se trouvait encore, dans l'espoir de découvrir l'adresse d'André Moine.

Plus tard, alors qu'il arrivait dans l'appartement d'Audin, Henri Alleg [8] tomba dans la souricière tendue et fut arrêté à son tour. Pour moi, ni Audin ni Alleg, quoique fichés, n'avaient une grande importance en tant que tels.

Je suis repassé chez Audin après la capture d'Alleg. J'ai demandé à Charbonnier d'interroger ces deux hommes pour savoir s'ils appartenaient au Service Action du PCA et d'exploiter les papiers et les carnets d'adresses qui se trouvaient chez eux pour voir si le nom d'André Moine n'y figurait pas. Comme on sait, Audin disparut le 21 juin. Cette disparition fit scandale et donna lieu à une enquête très poussée. Quant à

---

8. Ancien directeur d'*Alger républicain*.

Alleg, il raconta son interrogatoire dans son livre, *La Question*. J'ai croisé Alleg au moment de son arrestation. Il ne le mentionne d'ailleurs pas dans cet ouvrage pourtant peu avare de détails. Les affaires Alleg et Audin eurent un retentissement considérable en métropole, grâce à l'interprétation qu'en donnèrent le parti communiste et la presse qui soutenait le FLN.

J'arrivais maintenant à six mois de détachement au-delà desquels ma position m'amènerait à une affectation définitive que je ne souhaitais pas. J'estimais que ma mission avait été entièrement remplie : la grève avait été brisée, le fichier avait été récupéré, *La Voix du soldat* ne se ferait plus entendre. Bien plus, Larbi Ben M'Hidi et Ali Boumendjel avaient été liquidés et j'avais tout mis en place pour que les autres subissent bientôt le même sort.

Godard avait obtenu, avec l'aide de Massu, le commandement du secteur Alger-Sahel. De sorte qu'il pouvait maintenant avoir un œil sur ce que nous faisions. Cet élément nouveau m'incita à quitter au plus vite mes fonctions et à me trouver un successeur. J'en avais repéré un en la personne de Jacques de La Bourdonnaye-Monluc, capitaine à l'unité de marche du 11e Choc qui stationnait dans les environs d'Alger. C'était un camarade d'Indochine qui avait appartenu au 1er RCP. Il se trouvait dans une situation épineuse car, ayant été mis par Decorse [9] en tête de la liste dite d'osmose [10] de son unité, il devait prochainement s'en

---

9. Decorse commandait le détachement du 11e Choc en Algérie.
10. Principe administratif qui interdit de faire carrière dans une unité parachutiste.

aller, c'est-à-dire quitter à la fois les parachutistes et Alger pour rejoindre le 44e régiment d'infanterie à Tebessa, sur la frontière tunisienne. L'avantage d'une affectation auprès du général Massu serait de lui permettre de rester sur place, ce à quoi il tenait absolument pour des raisons personnelles, et de garder son statut de parachutiste, qui lui était encore plus cher.

Au début, il ne se montra pas très enthousiaste. Le 1er RCP arriva à Alger pour effectuer sa permanence : j'invitai alors La Bourdonnaye à la cantine de l'unité avec Prosper et Monette Mayer, et nous sûmes trouver des arguments pour le convaincre.

Je ne pouvais pas m'entendre avec Godard, il m'était impossible d'envisager de poursuivre cette mission. Du reste, Godard s'inquiétait de nous voir harceler les communistes et chercher à développer des actions contre des Français. Il parvint d'ailleurs à se débarrasser de Trinquier qui reçut l'ordre de rejoindre sa nouvelle affectation dans les quarante-huit heures.

Alors, je lui expédiai La Bourdonnaye-Monluc. Les deux hommes sympathisèrent et, une semaine plus tard, l'affaire était conclue. Il reprenait mon équipe.

Je pus enfin dire à Massu que j'avais trouvé mon remplaçant et que pour moi la bataille d'Alger était finie.

Le Déserteur

Le 1er RCP s'était installé à Maison-Carrée et j'avais retrouvé les fonctions de chef d'état-major que j'occupais au début de l'année.

J'étais soulagé. La solitude que j'avais connue pendant ces six mois n'était plus supportable. Maintenant, je partais pour faire la guerre à ciel ouvert et pourchasser le FLN dans l'Atlas blidéen.

Babaye avait voulu me suivre : je ne pouvais pas lui refuser ça. Au premier engagement, je lui ai fait donner un fusil et je lui ai dit de se tenir tranquille derrière moi. Bientôt, j'ai entendu une détonation dans mon dos et une balle m'a sifflé aux oreilles.

Je me suis retourné. Babaye était hilare. Il venait de tirer par-dessus mon épaule et avait abattu un ennemi que je n'avais pas vu.

Pendant ce temps, les derniers leaders du FLN d'Alger et les chefs du PCA tombaient les uns après les autres.

Faulques avait eu la bonne idée d'afficher des noms sur chacune des cellules du sous-sol de la villa Sésini. Sur la porte d'une cellule vide, il avait inscrit le nom d'André Moine, ce qui incita à la confidence des prisonniers qui avaient conclu à sa capture et amena finalement, en juillet 1957, à l'arrestation effective du leader communiste.

Le plan d'approche de Yacef Saadi que j'avais patiemment mis au point grâce à mon agent de liaison infiltré au FLN fut mis à exécution par Faulques, La Bourdonnaye et Godard en septembre. Le REP de Jeanpierre put cerner la villa de Yacef qui se défendit en lançant une grenade. Jeanpierre fut blessé mais Yacef fut capturé par les légionnaires. Il parla spontanément, ce qui lui sauva la vie. Il révéla notamment l'adresse d'Ali la Pointe, qui se cachait dans une maison fortifiée de la Casbah. La popularité d'Ali la Pointe l'agaçait, comme elle agaçait naguère Ali Boumendjel.

De ce fait, le 8 octobre 1957, le bunker d'Ali fut repéré et cerné discrètement. On envoya des sapeurs du génie pour faire une brèche Le lieutenant plaça une charge trop forte qui pulvérisa le bunker et six maisons voisines. Le corps d'Ali fut identifié grâce au tatouage qu'il avait sur le pied. La jeune étudiante qui vivait avec lui ainsi qu'un garçonnet qui servait d'estafette trouvèrent également la mort dans cette explosion. Cet épisode marqua la fin de la bataille d'Alger.

C'est à ce moment que Paul Teitgen[1] fit ses

---

1. Teitgen, rappelons-le, avait écrit le 29 mars à Robert Lacoste pour lui donner sa démission, sous le prétexte qu'il soupçonnait l'armée d'avoir

comptes et offrit sa démission, qui, cette fois, fut acceptée. Le nombre des arrestations s'était élevé, selon lui, à plus de vingt-quatre mille. En totalisant le nombre des personnes arrêtées au cours de la bataille d'Alger et en retranchant celles qui restaient dans les camps ou qu'on avait vues en sortir, Paul Teitgen conclut qu'il manquait 3 024 personnes.

À l'automne de 1957, j'ai reçu une affectation à Baden-Baden en qualité d'instructeur d'appui aérien. Je suis cependant revenu plusieurs fois en Algérie, sous le prétexte d'organiser des stages. L'ALN avait concentré des forces importantes dans des camps tunisiens implantés près de la frontière algérienne. C'était astucieux, puisque l'autonomie de la Tunisie avait été reconnue par la France dès le printemps 1956. À partir de ces camps, des coups de main étaient lancés contre nos positions frontalières. Au début de l'année 1958, deux avions français avaient été abattus par des tirs de DCA et des appelés avaient été massacrés. En représailles, un raid aérien fut organisé de l'autre côté de la frontière le 8 février 1958. C'est à cette occasion que le village tunisien de Sakhiet Sidi Youssef fut bombardé. Cet incident eut des répercussions internationales si désastreuses que la France dut accepter les bons offices américains.

De ce fait, la frontière était devenue infranchissable et l'ALN avait pu reprendre ses coups de main en toute impunité. Par ailleurs, les forces de l'ALN s'étaient

---

recours à la torture. Sa démission ayant été refusée, il resta en fonction jusqu'au 8 octobre 1957.

retirées suffisamment loin de la frontière pour se croire à l'abri de toute menace.

Grâce à la complicité d'un aviateur qui me conduisit discrètement à bord d'un T6 jusqu'à la frontière, avant de pénétrer l'espace aérien tunisien, nous avons pu mener, malgré la DCA, plusieurs nouvelles attaques à la roquette et à la mitrailleuse contre les positions de l'ALN. Officiellement, ces raids n'ont bien entendu jamais existé.

Babaye s'est marié avec la fille d'un garde champêtre. En 1962, au moment où l'armée française allait partir, ses anciens amis du FLN lui firent savoir qu'ils ne lui en voulaient pas et qu'il devait rester. Mais un colonel de l'armée française l'a forcé à embarquer, lui et sa famille, sur le dernier bateau.

Kemal Issolah fut reconnu et arrêté par le FLN. Je le fis libérer et exfiltrer grâce à l'aide d'un attaché militaire américain en poste à Alger.

À l'automne de 1966, après avoir servi d'instructeur à Fort Bening et à Fort Bragg [2] pour les forces spéciales américaines engagées au Vietnam et avoir travaillé à l'état-major, j'ai retrouvé avec émotion mon 1er régiment de chasseurs parachutistes qui était revenu à Pau. Cette fois j'en prenais le commandement, succédant ainsi à Cockborne et à Prosper.

Le soir, une fête a été organisée. Alors, j'ai demandé à la musique militaire de jouer pour moi *Le Déserteur*,

---

2. Fort Bragg, en Caroline du Nord, est le siège de l'École des forces spéciales américaines.

196

la chanson de Boris Vian que je fredonnais onze ans plus tôt en arrivant à Philippeville. J'étais lieutenant-colonel, maintenant, et ma réputation d'original n'était plus à faire. À ma grande surprise, cette initiative n'a choqué personne. Elle a même beaucoup plu aux jeunes officiers, ceux qui n'avaient pas connu l'Algérie.

En les regardant danser, j'ai repensé à El-Halia, à la villa des Tourelles, aux attentats du stade, à Ben M'Hidi, aux réverbères piégés, à Boumendjel, au Casino de la Corniche et à toutes ces nuits.

Je n'ai pas eu de regrets mais j'ai formé des vœux pour qu'aucun de ces jeunes gens n'ait jamais à faire un jour ce que, pour mon pays, j'avais dû faire, là-bas en Algérie.

TABLE

Cet ouvrage a été composé par
Nord Compo (Villeneuve-d'Ascq)
et imprimé par **Bussière Camedan Imprimeries**
à Saint-Amand-Montrond (Cher)
pour le compte des éditions Perrin

Achevé d'imprimer en mai 2001

N° d'édition : 13355. – N° d'impression : 012296/1.
Dépôt légal : avril 2001.
Imprimé en France